Régis AMBROISE Pierre FRAPA Sébastien GIORGIS

Paysages de terrasses

Photographies
Vincent MOTTE
Raymond SAUVAIRE

Dessins
Pierre DEFFONTAINES

Edisud
La Calade, Aix-en-Provence

Préface

J'ai fait de la reconquête des paysages un axe majeur de la politique du ministère de l'Environnement.

Nos paysages, remarquables en France par leur variété, sont notre mémoire et notre avenir. Notre mémoire parce qu'ils ont été façonnés par des générations d'hommes et de femmes, notre avenir car leur qualité est devenue un atout de développement économique, parce qu'ils concourent au rayonnement de nos productions de terroir, parce qu'ils assurent la qualité de vie des habitants.

Dans le cadre de cette politique ont été menées sur l'ensemble du territoire des actions exemplaires destinées à inciter les aménageurs à créer des paysages contemporains de valeur, des labels de paysages de reconquête et de leurs produits ont été décernés à une centaine de lieux remarquables, l'opération "Mon paysage, nos paysages" a été lancée pour permettre au public le plus large d'exprimer son point de vue à travers près de 10 000 textes et photos ; enfin une loi a été votée par le parlement.

Une telle politique, pour être efficace et crédible, doit pouvoir s'appuyer sur des réflexions, des documents techniques et méthodologiques comme "Paysages de terrasses" dont c'est la deuxième édition. Cet ouvrage, je le sais, a été très utile pour tous ceux qui ont des responsabilités dans la gestion des paysages méditerranéens en particulier. Il constitue la synthèse des savoirs en la matière. Fruit de nombreuses études et d'expérimentations, il est devenu un outil pour tous ceux qui œuvrent dans le domaine du paysage. J'espère que le programme d'édition à venir sur les diverses structures paysagères : ensembles végétaux urbains, bocages, zones humides... se poursuivra pour compléter ce premier travail. Ainsi les aménageurs disposeront-ils dans les années à venir des savoirs indispensables à leur action.

Je souhaite à cette nouvelle édition le succès qu'elle mérite.

Ségolène Royal

Ségolène ROYAL
Ministre de l'Environnement

Ouvrage coproduit par
la **Mission du Paysage**
Direction de la Nature et des Paysages
Ministère de l'Environnement
et l'**Association pour la Participation et l'Action Régionale**
avec le soutien
du Fonds Interministériel de la Qualité de la Vie,
du comité MEDSPA de la Communauté Économique Européenne.

ISBN 2-85744-449-8

Remerciements

à Madame Pierre DEFFONTAINES pour nous avoir très aimablement prêté les dessins réalisés par son mari ;

à Jean CABANEL, Martine CHEVREUIL et Marie-Claude THUILLOT pour leur précieuse collaboration à toutes les étapes de notre travail ;

à tous les auteurs et acteurs cités, dont nous avons utilisé les travaux pour réaliser cet ouvrage ;

à tous ceux qui nous ont reçu lors de nos enquêtes ;

à tous ceux qui nous ont aidé :

Philippe BLANCHEMANCHE, ethnologue ;
Richard BONNET, apiculteur ;
Louis BOREL, écologue ;
Michel BOUVIER, archéologue ;
Caroline des BUTTES, documentaliste ;
Jean-Marie CASTEX, géographe ;
Lucien CHABASON, Dr de cabinet au Secrétariat d'État à l'Environnement ;
Yonel CHARVIT, archéologue ;
Guy COLMAN-HERCOVICH, architecte ;
Claude CORDOLEANI, urbaniste ;
Catherine COURSIALLE, environnementaliste ;
Bernard CRISTOFINI, économiste ;
Alix CROS, géographe ;
Christine DANTAUX, secrétaire ;
Nerte DAUTIER, inspecteur des sites ;
Jean-Pierre DEFFONTAINES, agronome ;
Jean et Maria DEROCHE, architectes ;
Gérard DESNOYERS, historien ;
Aline DURAND, historienne ;
Slaheddine EL AMAMI, agronome ;
Jean EYNARD, cartophile ;
Margalida FERRA BOUTROUX, conservateur ;
Elisabeth FICHEUX, professeur ;
Marie-Claire FRAPA, infirmière ;
Lucien GAILLARD, historien ;
Max GALLARDO, écologue ;
Pierre GAUTHIER, agriculteur ;
Daniel GAY, éducateur ;
Marie-Jo GAY, bibliothécaire ;
Dominique GIGAN, agronome ;
Claude GONELLA, agronome ;
Georges GUENDE, écologue ;
Bernard HUBERT, agronome ;
Amédée IMBERT, maire de Privas (Ardèche) ;
Michel JACQUINOT, économiste ;
Jean-Pierre JASSAUD, agriculteur ;
Serge JAURE, architecte ;
Mme JEANTON-LAMARCHE, archiviste ;
Elisabeth KATHER, architecte ;
Hans KIEVITS, architecte ;
Étienne LANDAIS, vétérinaire ;
Denis LACAILLE, plasticien ;
Jean-Baptiste LANASPEZE, juriste ;
Danielle LARCENA, géographe ;
Patrick LEGRAND, écologue ;
Charles LILIN, agronome ;
Yves LUGINBUHL, agronome ;
Michel LUQUET, agronome ;
Ange et Madé Maurin, agriculteurs, maire de Puget-Rostang (Alpes-Maritimes) ;
Sylvie Mazoyer, écologue ;
Claude Milhaud, viticulteur ;
Pierre MORLON, agronome ;
Jean-Louis NOYELLE, urbaniste ;
Jean-François PAILLET, mission Plans Relief ;
Sylvie PALPANT, animatrice, présidente de l'APARE ;
Christian PERRIN, agriculteur ;
Jean-Luc PIOLET, agronome ;
Christian RENE, animateur ;
Alain RIQUOIS, I.G.R.E.F. ;
Zvi RON, géographe ;
Michel ROUVIERE, archéologue ;
Antoine de ROUX, historien ;
Jean-Louis ROUX, architecte urbaniste ;
Daniel ROYBIN, économiste ;
Martin SCHWARZE, écologue ;
Christian SEIGNOBOS, géographe ;
Claude SOUCY, sociologue ;
Caroline STEFULESCO, paysagiste ;
Brigitte SUZZANI, agricultrice ;
Denis TESSARO, maçon ;
Véronique THIERRY, économiste ;
Vincent THOMANN, attaché de presse ;
Monique TOUBLANC, sociologue ;
Jean-Pierre et Martine TRIVELLY, agriculteurs ;
Danielle VANNIER, documentaliste ;
Jean VAUDOUR, géographe ;
Jean-Louis VERET, architecte ;
Jean-Paul VILLEDIEU, T.P.E. ;
René VOLOT, ornithologue ;
Jean-Pierre WEIL, metteur en scène ;
Georges et Evelyne ZINSSTAG, agriculteurs ;
Les Archives Départementales
des Alpes de Haute Provence,
de l'Ardèche,
des Bouches du Rhône,
de la Corse,
de l'Hérault,
des Pyrénées Orientales,
du Var,
du Vaucluse ;
La Bibliothèque Nationale (Paris) ;
L'Académie d'Agriculture (Paris) ;
La Bibliothèque de l'Institut National Agronomique ;
La Société Centrale d'Apiculture.

Sommaire

Double page suivante :
– Saint-André-de-Majencoules (Gard), Les Pauses.
– Félix Benoist, Saorge, Nice et Savoie, 1863.

Avant-propos

La publication de cet ouvrage sur les paysages agricoles en terrasses revêt une importance particulière car il répare une injustice : bien que les paysages agricoles en terrasses représentent en France des surfaces considérables ayant permis à une population très nombreuse de vivre, aucun ouvrage d'ensemble ne leur a jamais été consacré par les agronomes de notre pays. Pourtant, certains de ces espaces continuent d'avoir une actualité économique contemporaine pour les productions à haute valeur ajoutée comme le vin par exemple.

Sur le plan culturel il en est de même, il existe peu de représentations de paysages de terrasses depuis le XVIe siècle dans les peintures. Pire, au XIXe siècle les peintres effaçaient les terrasses de leurs compositions pour leur donner un aspect plus « pittoresque ». De nos jours les photographes ne se sont guère plus intéressés à ces espaces, du moins jusqu'à présent.

Ainsi, contrairement aux Asiatiques, par exemple, nos hommes de savoir et nos artistes ont parcouru ces paysages sans les voir, à quelques exceptions près comme le géographe Pierre Deffontaines. Nos paysagistes, contrairement aux Italiens, n'ont guère utilisé les potentialités de ces sites, préférant inscrire leurs créations dans des plaines ou de légers vallonnements.

La même indifférence existe à l'égard de cette multitude d'exploitants agricoles qui ont façonné ces gigantesques et complexes aménagements pour faire vivre leur famille sur quelques hectares. Sans subventions, ni guère de prêts, sans sécurité sociale, en général maîtres de leurs approvisionnements et de la commercialisation de leurs productions ils ne devaient compter que sur eux-mêmes. Ces petits propriétaires étaient au sens le plus moderne du terme des chefs d'entreprise. On mesure aussi, à présent que leur nombre diminue dramatiquement, la part que ces paysans occupent dans notre culture. Que l'on me permette à ce sujet d'évoquer, parce que son expérience rejoint celle de nombreux autres, l'exemple d'un grand-père qui, dans l'Aveyron, sur quatre hectares de terrasses, a élevé fort bien trois enfants, construit sa maison puis celle de sa fille, installé la seconde, fait faire des études poussées pour l'époque à son fils qui ne disposait d'aucune bourse. Il a de plus laissé, à sa mort, une propriété agrandie d'un hectare. Pour arriver à un tel résultat il fallait certes travailler mais aussi avoir beaucoup de savoir-faire et de talent.

Lorsque le Comité Interministériel à la Qualité de la Vie a confié à la Mission du Paysage l'animation du programme expérimental sur les terrasses, tout était à faire : rassembler les savoirs existants, mener des opérations expérimentales pour mesurer si dans de tels pays des exploitations agricoles sont encore viables, examiner si de nouveaux usages sont possibles. Heureusement, il existait une équipe de passionnés regroupés au sein de l'Association pour la Participation et l'Action Régionale (APARE) autour de Jean-Baptiste Lanaspèze à l'origine de cette idée, en particulier Pierre Frapa et Sébastien Giorgis, des fous qui ont consacré une partie très précieuse de leur vie, leur jeunesse, à cette mission impossible : faire vivre les terrasses.

Rien n'aurait été possible non plus sans Régis Ambroise. Il a été la cheville ouvrière de ce programme. C'est largement grâce à lui que cet ouvrage a vu le jour.

Deux photographes, Vincent Motte et Raymond Sauvaire, se sont joints à l'équipe. Avec des sensibilités différentes ils permettent au lecteur de renouveler sa vision d'un aménagement agricole majeur : les terrasses.

Jean CABANEL
Chef de la Mission du Paysage

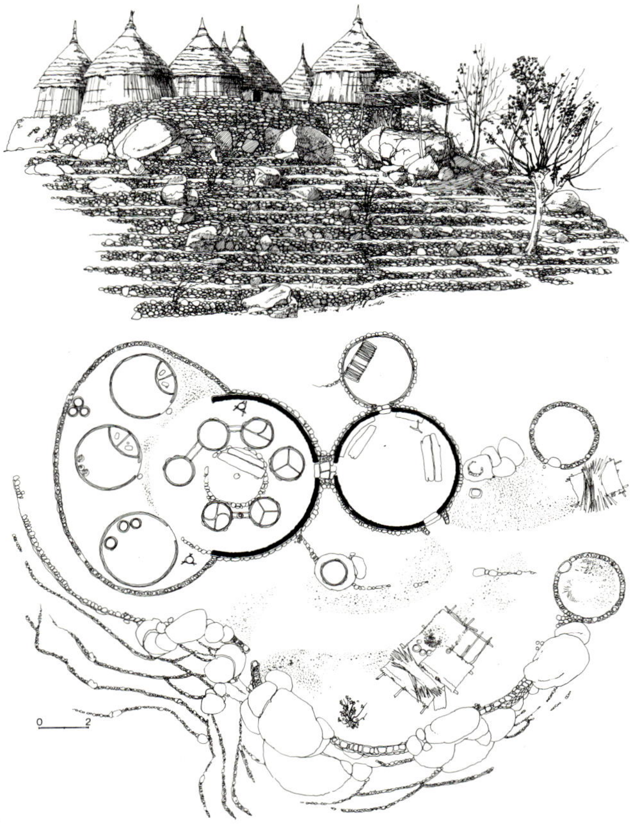

1

2

3

4

1 – M'bokou, quartier Ndokolo, région de Maroua (Nord Cameroun). 2 – Laraos (Pérou). 3 – Massif du Toubkal (Maroc). 4 – Machu-Pichu (Pérou). 5 – Hokusaï, Vue du Mont-Fuji (Japon). 6 – Pierre Deffontaines, terrasses de culture en Catalogne, Torreletas, 1959.

5

6

Qualités paysagères et économiques des sites en terrasse

« Voir pour comprendre
mais aussi voir pour chanter »
Pierre Deffontaines

Il existe des accords parfaits. Il y a des paysages parfaits. Créés par la nature ou par l'homme, ces paysages forts, émouvants, jouent, au-delà des goûts personnels, sur des vibrations profondes, fondamentales : déserts, montagnes, côtes sauvages ou au contraire paysages très humanisés.

Les premiers sont difficiles à vivre. Appel d'absolu, imagination sans retenue, ce sont des paysages d'exaltation mais également d'angoisse. Refuges pour les mystiques, ils demeurent pour la majorité, des paysages que l'on traverse mais généralement sans s'y arrêter. Trop secs, trop durs pour y vivre, ils développent cependant l'imagination et mobilisent une part de notre inconscient.

Les paysages de terrasses représentent au contraire le schéma le plus abouti de la nature façonnée par l'homme. Formés d'une multitude d'oppositions, ils résonnent de tous leurs harmoniques, pour reprendre une comparaison musicale, et chacun de nous peut trouver dans leur extrême complexité, l'espace qui répond à son aspiration en fonction de sa propre histoire, de sa culture, de son humeur à l'instant qui passe. Ils ont su conquérir dans le monde entier une place privilégiée parmi les paysages remarquables : rizières irriguées d'Indonésie ou de Chine, montagnes sculptées du Pérou, du Népal, du Yémen... mais aussi faïsses cévenoles, restanques provençales, qui font l'objet de cet ouvrage.

Intérêts paysagers

Les terrasses de culture constituent des paysages ayant une valeur esthétique forte. Il convient, d'entrée de jeu, de se demander quelles sont les raisons de l'intérêt qu'elles suscitent. En débutant par une approche sensible, cet ouvrage n'entend pas escamoter la réalité par le rêve ; au contraire, en abordant ainsi les problèmes de ces espaces, il s'inscrit véritablement dans les perspectives culturelles et économiques qui constituent les supports de notre avenir.

En effet, il ne faut pas se tromper d'époque ni d'économie. En Europe méditerranéenne, l'avenir du monde rural, et celui des pays de terrasses en particulier, passe par la « production » de nouveaux services en matière d'agriculture, de tourisme, de loisirs, de qualité de vie. Les paysages sont partie intégrante de cette qualité. Il est indispensable de cerner les raisons de leur intérêt avant d'entreprendre toute action de développement.

Evidemment, les objections à l'égard d'une telle démarche ne vont pas manquer. Les appréciations en matière de qualité, de beauté, lâchons le mot, relèvent de la subjectivité ; en s'aventurant sur un tel terrain, cet ouvrage ne risque-t-il pas de perdre de sa rigueur ?

Il en perdrait tout autant en négligeant la dimension sensible de la problématique. Les démarches qui se veulent purement techniques, économiques ou fonctionnelles atteignent rapidement leurs limites conceptuelles en perdant le sens de l'innovation, alors qu'il s'agit de trouver des perspectives de développement répondant aux aspirations d'une société en quête de nouvelles valeurs. Par ailleurs, il existe de forts consensus sur le beau. Il n'y a, en conséquence, pas de raison de s'abstenir de prendre en considération les aspects qualitatifs, d'autant plus qu'une grande partie des valeurs sensibles d'un site peuvent largement être objectivées, les aspects visuels en particulier, sans pour autant s'engager dans un débat de plasticiens.

Dans cet esprit, pour bien comprendre les intérêts paysagers de ces sites, la méthode la plus simple paraît être de décrire les principales perceptions sensibles qui surgissent lors d'une promenade dans ces lieux.

1

Horizontal-Vertical

Pour le promeneur qui découvre un site en terrasses d'un promontoire ou d'un versant opposé, le paysage apparaît comme une superposition de « planches » créant, avec les murs qui les supportent, des gradins à flanc de coteaux. Le linéaire des murets, des plantations et des sillons qui en épousent les contours s'oppose à la verticalité des piquets, des troncs et des petits édifices. Sur cette linéarité dominante, les rampes, exutoires, chemins de traverse, réseaux d'escaliers organisent des rythmes obliques qui provoquent la surprise et génèrent l'identité de chaque terrasse. A cette même logique obéit la trace des « dérayures » coupant en biais les labours longitudinaux. Les murs et les rangs de pierres aux profils irréguliers matérialisent sur le terrain les courbes de niveau.

Toutes ces marques révèlent, avec évidence, les composantes d'un site. Elles en facilitent la lecture et la compréhension.

2

1 – Beaumes-de-Venise (Vaucluse)
2 et 3 – Brès (Ardèche)

3

1

Ouvert-Fermé

Lorsque le promeneur sort du chemin de desserte par une ouverture donnant sur une terrasse, il est rassuré par l'aspect plat du terrain et la clarté de ses limites. Grâce au mur de soutien, la terre a été nivelée pour pouvoir être travaillé dans de bonnes conditions, il peut y marcher aisément.

Vers l'amont, la vue est bloquée par un linéaire de murs mais un simple demi-tour vers la vallée et apparaissent les montagnes proches, l'horizon ou la mer. C'est la terrasse balcon faisant surgir les mêmes impressions que celles éprouvées dans les grands espaces ouverts : imagination, sentiment de puissance, projets, nostalgie aussi, appel pour le nomade ou le berger.

Labyrinthe

Si le promeneur s'engage à l'intérieur du maillage formé par les terrasses, en montant par des chemins souvent encadrés de murs de pierres ou de haies, sa vision précédemment ordonnée se brouille. La progression s'effectue dans une ambiance qui s'apparente à celle d'un labyrinthe, car la vue est fermée de chaque côté, et vers l'avant elle butte sans cesse sur de nouveaux murs, des talus, des boisements qui ferment toute perspective. Il semble impossible de sortir de ce dédale ; désorienté, le promeneur éprouve un sentiment d'inquiétude qui s'ajoute à sa fatigue et l'entraîne vers le sommet dégagé.

A la descente, le repérage est plus facile, les vues plus lointaines, mais la sinuosité du parcours provoque des effets de leurre : tel clocher qui paraissait tout proche se dérobe soudain car le chemin qui semblait y mener directement épouse le versant et conduit à une destination très différente. La promenade provoque alors des sensations d'artifice, d'illusion.

Paysage refuge – Paysage offert

En poursuivant sa marche, il ne manquera pas de trouver, en particulier à la limite de la terrasse, un buisson, une haie, une petite construction constituant un refuge d'où il pourra voir sans être vu.

Ainsi, des terrasses aménagées, on voit loin, très loin en se dissimulant, de sorte qu'il est facile d'identifier les intrus, bien longtemps avant leur arrivée. Leur approche est retardée par la complexité des réseaux des chemins et la difficulté qu'ils éprouvent à se repérer. Cela donne le temps de fuir ou d'organiser sa défense. Pour cette raison, bien des emplacements de fermes cévenoles ou corses ont sûrement été choisis au temps des dragonnades ou des invasions de pirates pour ne pas se laisser surprendre.

2

1 – Saint-André-de-Majencoules (Gard), Les Pauses.
2 – Pierre Deffontaines, Sosis dans la vallée de la Noguera Pollaresa, Espagne, 1973.

Il est possible dans de tels espaces de trouver son coin pour rêver, méditer, se retrouver, investir et s'investir dans un lieu, pour cultiver son jardin secret au sens propre du terme.

Hors de l'abri, la présence de notre promeneur est remarquée de très loin. De même, l'état de la parcelle, la qualité du travail du cultivateur s'offrent à la vue de tous.

Civilisé-Sauvage

Pour un observateur attentif, les paysages de terrasses apparaissent comme de véritables monuments de terre et de pierres qui s'opposent à la nature environnante plus sauvage. Le contraste apparaît particulièrement bien en hiver entre les parties agricoles marquées par les murs, cabanes, pierriers et les zones de végétation spontanée, « naturelles », dans le fond des talwegs, les forêts, landes et maquis.

Le site en terrasses est un terroir agricole savant, chargé de produire fruits, légumes, céréales, mais partout où c'est possible, sur les pierres mêmes, dans chaque anfractuosité des murs, au fond des citernes ou des canalisations, flore et faune sauvages se développent, que l'homme accepte en général.

Paysages d'animation

Au-delà de la simple observation, si on se réfère aux souvenirs de ceux qui ont vécu sur ces terres entre les deux dernières guerres quand les populations qui y vivaient étaient encore nombreuses, d'autres potentialités apparaissent.

Les paysages composés de terrasses sur les deux versants d'une vallée étaient des espaces particulièrement vivants et gais. D'un flanc de coteau à l'autre, les cultivateurs pouvaient non seulement se voir, mais aussi communiquer par gestes ou par la voix. Pour les grands travaux, les équipes de travailleurs avaient coutume

d'improviser des chants. Tour à tour, depuis chaque côté de la vallée, des équipes entonnaient un couplet auquel d'autres, en face, répondaient. Il en résultait des chants alternés, d'étranges mélopées, des ritournelles, où se mêlaient des voix d'hommes et de femmes. Ces chants, où prédominait l'humour, rendaient le labeur moins pénible.

Dans ces montagnes ont retenti pendant des siècles grincements des roues de charrettes, meuglements, hennissements, braiments, gloussements, caquetage des animaux, les ordres des laboureurs à leurs bêtes, les appels des bergers, l'aboiement de leurs chiens, les cris par lesquels se diffusaient avec une rapidité étonnante des informations, des hymnes religieux lors des processions.

Evidemment, il n'en est plus de même. A présent, trop souvent, le silence répond au silence, mais il faut se souvenir que le potentiel d'animation demeure pour d'autres activités, pour d'autres modes de vie.

Ainsi, les sites en terrasses induisent une très grande variété d'effets paysagers, parfois contradictoires, selon l'axe de la vision ou la situation : verticalité-horizontalité, minéral-végétal, ouverture-fermeture, effets de labyrinthe, de balcon, de leurre, possibilité de se montrer ainsi que son travail aussi, de se cacher, résonance... Ce kaléidoscope de potentialités ne pouvait échapper aux créateurs de jardins.

Des sites pour les créations paysagères

Compte tenu de ces qualités visuelles, sensibles, les sites en terrasses ont une particulière capacité à servir de support à des créations de jardins.

Les Italiens ont su admirablement utiliser ces caractéristiques. Leurs jardins sont constitués souvent par un ensemble de terrasses. Chacune d'elles est aménagée pour créer une ambiance particulière : jardin de fleurs, lieu familier où la famille prend ses repas et où les enfants jouent, espace d'apparat, parterre que l'on domine du regard, passage intime fait pour la conversation chuchotée. L'ensemble s'inscrit dans la propriété agricole qui en assure le prolongement sensible. Sur les bords des terrasses qui dominent la campagne sont plantés des rideaux d'arbres qui closent la perspective. Seules quelques ouvertures offrent des vues panoramiques sur l'horizon en cadrant la vision. Dans ces créations existent presque toujours des jardins secrets qui se veulent difficiles d'accès pour permettre de mieux se retrancher du monde. Du jardin, il est loisible de jouir de la musique qui monte de l'exploitation agricole, ou de celle créée par l'eau qui ruisselle ou que procure un frêle jet d'eau. Il y a symbiose entre la villa, les diverses parties du jardin, la propriété agricole, le site, le paysage sonore.

En France, la tradition dominante du jardin classique préfère les vastes étendues, les perspectives largement dégagées, les reliefs modérés, où quelques protubérances sont aménagées en balcon pour mieux apprécier et mettre en valeur l'ensemble. Dans des parcs tels que Meudon, Saint-Cloud, Saint-Germain-en-Laye, les terrasses ont une monumentalité militaire ; elles dominent, sans le moindre écran, le site où elles s'inscrivent. Il n'existe pas de jardins secrets mais des bosquets.

Cette analyse a privilégié le point de vue d'un visiteur extérieur aux sites en terrasses. La vision d'un cultivateur qui y a toujours vécu en déployant des efforts souvent épuisants sera évidemment différente. Son regard sera attiré par les signes qui indiquent des dangers (murs risquant de s'effondrer, pentes trop fortes pour un tracteur), par l'état d'une végétation qui ne permet pas d'attendre des revenus suffisants, ou au contraire par ceux qui sont annonciateurs de chances nouvelles comme des productions à haute valeur ajoutée ou les techniques qui épargnent la peine tout en assurant un meilleur rendement. Le regard extérieur a été privilégié car il semble correspondre à la perception du client final de l'agriculteur, celui qui achète d'une manière ou d'une autre les produits directs et indirects fournis par lui. C'est ce client qui doit être pris en compte, qu'on le veuille ou non, par l'exploitant agricole pour définir sa stratégie.

Menton (Alpes-Maritimes), jardin botanique.

Potentialités économiques

Pour que les sites en terrasses expriment toutes leurs qualités paysagères esthétiques, culturelles, encore faut-il qu'ils aient un intérêt économique pour les agriculteurs sinon la vie sociale se retirera et avec elle leur raison d'être. Il n'est pas possible ni surtout souhaitable de condamner ces espaces à n'être qu'un décor entretenu par des paysans plus ou moins fonctionnarisés. Il s'agit d'imaginer une production paysagère et une production agricole adaptées aux besoins de notre époque.

Des pays aux mille ressources dans une économie de subsistance

Il faut se souvenir que les pays en terrasses ont été longtemps des pays aux multiples ressources produisant un peu de tout. Des régions en fin de compte beaucoup plus riches qu'il n'y paraît comme en témoigne la densité des populations.

En effet, l'extrême variété des terres et des expositions autorisait une grande diversité des productions. Cette diversité rendait possible les récoltes de multiples produits tout au long de l'année et ainsi une régularité de l'approvisionnement et des revenus. Les terrasses permettaient de pousser à l'extrême la logique d'une polyculture qui assurait la stabilité du niveau de vie en le mettant à l'abri des fluctuations des cours ; lorsqu'une production ne rapportait pas, elle était compensée par une autre.

Cette conception de l'agriculture permettait à une famille de cultivateurs sinon de prospérer, du moins de vivre sur 3 ou 4 hectares, parfois moins. Il ne faut pas oublier que, dans de nombreux pays, le fait de se nourrir à sa faim, se loger, se vêtir décemment, sans plus, est déjà considéré comme un bonheur inaccessible.

Il a fallu à des générations de cultivateurs beaucoup de courage mais aussi du talent pour tirer parti des moindres potentialités de ces espaces, grâce à une agriculture et une économie savantes. Le savoir provenait des enseignements transmis d'une génération à une autre mais surtout d'une observation attentive de la campagne et d'un grand discernement dans le choix de la conduite à tenir. Les exploitations étaient de minuscules entreprises et leur chef, souvent, un véritable entrepreneur maître de ses approvisionnements, de la commercialisation de ses produits, de ses financements. Il ne pouvait compter que sur lui-même et sur sa famille : nulle banque, pas de sécurité sociale, pas de conseiller agricole.

Il convient de ne pas sous-estimer les potentialités agricoles de ces pays et de conserver en mémoire les gestes, les techniques, les savoirs, qui permettaient à 600 personnes de vivre dans des villages, alors qu'à présent il n'y subsiste plus un seul agriculteur. Ce n'est pas du passéisme mais un acte de prévoyance de conserver en état les éléments structurants de ces espaces pour qu'ils puissent répondre à des besoins nouveaux. L'histoire nous a habitué à des retournements de situation imprévisibles, entraînant soudain des modifications dans les échelles de valeur.

Les terrasses : des espaces de modernité

Mais il n'est pas question de se complaire dans le passé. Les modes de vie ont changé, les aspirations sont différentes, l'économie a considérablement évolué. Il faut mesurer si ces espaces peuvent encore avoir une fonction dans le contexte moderne. Cette question ne doit pas être écartée sans réflexion.

Cet ouvrage a pour but de fournir aux agriculteurs qui vivent dans des pays en terrasses ou envisagent de s'y installer, aux responsables des collectivités territoriales, aux aménageurs, aux amateurs de paysage, à tous ceux qui s'intéressent aux pays en terrasses parce qu'ils en sont originaires ou y ont une résidence, les éléments d'information, les savoirs afin de leur permettre d'être mieux armés, pour fonder leur action.

Il existe de nombreuses terrasses agricoles dans notre pays ; non seulement dans le Midi : Provence, Côte d'Azur, Cévennes, Rouergue, Auvergne... mais aussi en Touraine, en Alsace. Seul le modèle méditerranéen, le plus important, sera exposé, car c'est le seul qui ait fait l'objet d'études approfondies.

Pour répondre à l'objectif recherché cet ouvrage se compose ainsi :

• Tout d'abord la description détaillée d'un système de terrasses dans toute sa complexité aidera à comprendre le fonctionnement de ces paysages. Évidemment, certaines méthodes et techniques paraîtront archaïques : défonçage, apport de terre. Il s'agit de faire un état des lieux et comme le système des terrasses n'a pas fait l'objet de développements agronomiques depuis le XIXe siècle, il est fatal qu'il résulte de la lecture de cette partie une impression de monde révolu. Cette description est indispensable pour permettre aux agriculteurs modernes de comprendre la cohérence de l'ensemble du système et d'appliquer avec discernement des techniques utilisant les possibilités de l'outillage moderne.

• Puis l'histoire des terrasses sera étudiée à travers leur représentation artistique, depuis les origines supposées jusqu'aux grandes périodes d'expansion et de déclin contemporain. Les paysages de terrasses sont l'œuvre de sociétés cultivées. Les œuvres picturales réalisées par des artistes extérieurs à ces régions reflètent en quelque sorte la part reconnue que ces régions ont apporté au fonds culturel national. Ces œuvres reflètent également l'évolution de l'idée du paysage.

• Enfin plusieurs chapitres rendront compte de la réalité méconnue de la modernité des terrasses au travers d'expériences d'agriculteurs, viticulteurs, horticulteurs, ou éleveurs. Le rôle des communes, des associations, des propriétaires sera mis en évidence dans les actions qu'ils mènent pour sauvegarder ces paysages.

En effet, les paysages en terrasses demeurent des espaces agricoles d'actualité pour les productions à haute valeur ajoutée comme le vin, certains fruits, les fleurs, les productions sous serres. Ils ont un nouveau rôle économique à jouer dans le domaine du tourisme en constituant des zones d'accueil, de loisirs ou des lieux de découvertes, que l'on visite à pied ou au cours de circuits en voiture ou en car.

Ils peuvent jouer un rôle stratégique dans l'aménagement du territoire pour accueillir certains types d'urbanisation, créer des zones tampons entre la ville et une campagne gagnée par la déprise agricole, pour lutter contre les dangers d'incendie en particulier.

Page précédente : Plan-de-Grasse (Alpes-Maritimes)

Ci-contre : Tupin (Rhône).
Ci-dessous : Grasse (Alpes-Maritimes), Saint-Mathieu.

Brès (Ardèche)

1

Les composantes des paysages de terrasses

«Nos ancêtres étaient des géants. Bref, c'étaient des petits hommes opiniâtres.»
Jean-Pierre CHABROL

Les terrasses constituent une réponse remarquablement efficace à un contexte écologique difficile, fait de reliefs accidentés et de précipitations souvent violentes. Pour pouvoir travailler le sol, il fallait empêcher le ruissellement, casser la pente afin de briser la course de l'eau, et retenir une terre rare et fugitive. Alors on a épierré, nivelé, remblayé, construit, canalisé... C'est au prix d'un tel effort savant et obstiné que l'agriculture a pu s'implanter et se maintenir. Le paysan a réalisé des prouesses d'imagination et un travail prodigieux pour apprivoiser le soleil et l'eau, chez lui plus violents qu'ailleurs, et il a dû aller plus loin encore, en se faisant une alliée d'une autre de ses ennemies : la pierre.

Cultiver sur terrasses relève de l'optimisation de trois éléments : l'eau, la terre, la pierre, associés dans un fonctionnement complexe et sophistiqué.

L'eau, à la fois redoutable et espérée, il faut la maîtriser et la conserver, empêcher son action érosive tout en favorisant son accumulation.

La terre, précieuse mais fragile, bonifiée voire créée à grand peine, risque à chaque orage d'être emportée vers la vallée. Le système de terrasse permet à la fois de la niveler et de la retenir.

La pierre, omniprésente, arrachée du sol pour générer un nouveau site, se transforme en le plus souple des matériaux de construction.

Ci-contre : Saint-André-de-Majencoules (Gard), Les Pauses.

l'eau

« Le 30 juillet – En sortant de Ganges, je fus surpris de trouver le plus avancé des systèmes d'irrigation que j'ai vu en France ; puis je longeai des montagnes escarpées, très bien cultivées en terrasses. Grande irrigation à St-Laurent ; paysage d'un grand intérêt pour un agronome. De Ganges jusqu'aux montagnes rocailleuses que je traversai, la promenade fut la plus intéressante que j'ai faite en France. L'activité déployée ici a triomphé de toutes les difficultés, et recouvert les rochers de verdure. »

Arthur YOUNG
Voyages en France, 1787

Des sociétés paysannes ont déployé des trésors d'intelligence pour capter l'eau tant attendue, au prix d'efforts considérables. Mais ce bien si précieux possède aussi une force dévastatrice qui noie les champs, creuse des ravins comme autant de plaies dans la terre, broie les jeunes pousses et les fleurs quand elle se transforme en grêle. Les terrasses constituent, avant tout, un aménagement hydraulique formé d'un ensemble de réseaux de drainage et d'irrigation, souvent extrêmement complexe. Ce système préserve les terrains agricoles de l'érosion pluviale, dans des régions où, paradoxalement, l'eau est rare.

Drainage et irrigation expriment deux aspects d'un même problème. Ils forment deux réseaux différents qui exigent des modalités différentes de construction et d'entretien ; leurs eaux ne se mélangent jamais.

Drainage

Les paliers successifs, constitués par les terrasses, brisent le ruissellement et favorisent l'infiltration, tandis que des réseaux de canalisations concentrent et évacuent les eaux excédentaires lors de fortes précipitations.

Irrigation

Pour faire face aux inévitables périodes de sécheresse, les eaux pluviales, courantes ou de source, sont captées, stockées puis réparties sur les bandes de terre grâce à d'ingénieuses constructions : aiguiers, mines, citernes, béals.

1

Drainage
l'eau ennemie

En cas d'orages importants, l'eau doit très rapidement être évacuée pour éviter qu'elle n'arrache la terre après avoir rompu les murets. Ainsi, l'ensemble des aménagements d'un versant s'organise autour du système de drainage, conçu pour amener l'eau jusqu'à un exutoire principal. Le plus souvent, ce dernier correspond à un fond de vallée ou talweg, lit d'un ruisseau intermittent ou parfois permanent, généralement renforcé par un pavage de pierres et bordé de murs. En certains endroits, de petits barrages limitent la violence du courant. L'utilité de ces exutoires le plus souvent à sec, recoupant les terrasses perpendiculairement ou en oblique devient évidente lors des fortes pluies. Le drainage propre à chaque parcelle s'effectue par des réseaux de fossés moins importants qui suivent le pied de chaque mur ou prennent le versant en écharpe. Dans ce dernier cas, des pontets de pierre les enjambent pour permettre la circulation de parcelle à parcelle. Parfois, des diguettes provisoires protègent les terrasses en évacuant les eaux latéralement. La densité des aménagements de drainage, plus forte en terrain peu perméable, reste importante même en terrain filtrant.

La terrasse elle-même, par son horizontalité, joue un rôle anti-érosif en absorbant une partie des eaux par infiltration, particulièrement lorsque le sol est travaillé. Cependant, les eaux disparues dans la terre ne sont pas pour autant neutralisées. En effet, l'excès doit pouvoir s'écouler après avoir traversé le sol : les murs de pierres sèches, présentent le grand avantage de laisser passer cette eau grâce au drain de cailloutis placé derrière les pierres du parement. Pour des murs maçonnés, il faut ménager des passages ou barbacanes dans les murs.

Tous ces aménagements demandent un entretien régulier et parfois, après des pluies exceptionnelles, une réfection complète. Périodiquement, il faut curer les réseaux de drainage à ciel ouvert, faute de quoi le colmatage les fait peu à peu disparaître. Toute négligence concernant les entretiens favorise la dégradation du sol et des différents ouvrages. Il en est de même pour les chemins non entretenus, dont les équipements de protection contre le ravinement (fossés, caniveaux transversaux) disparaissent rapidement.

1 – Pierre Deffontaines, Deya (Majorque), 1968.
2 – Corte (Haute-Corse).
3 et 4 – Banyuls-sur-Mer (Pyrénées-Orientales).

2

3

4

1

Irrigation
l'eau amie

Les coteaux du midi méditerranéen constituent des terroirs particulièrement propices à une agriculture sèche. Vignes, oliviers, amandiers, orge, sainfoin se développent sur ces terrains ingrats. Mais l'eau, lorsqu'elle est disponible, permet de leur substituer pommiers et poiriers, légumes, fleurs et prairies. Ces cultures irriguées intensives permettent à des familles de vivre en exploitant des surfaces réduites ; leur présence, plus ou moins marquante dans le paysage, révèle, par l'importance des travaux qu'elles exigent, le dynamisme d'une société.

Récupération des eaux de surface

Le captage d'une partie des eaux des ruisseaux et des rivières est la solution la plus facile pour obtenir les quantités importantes d'eau nécessaires à l'irrigation des parcelles. Un barrage ou chaussée, construit dans le cours d'eau lui-même et généralement maçonné, constitue l'ouvrage de base, derrière lequel se forme une retenue proportionnée à l'importance du réseau desservi. La prise d'eau proprement dite se trouve juste en amont de la chaussée ; elle comprend une vanne ou martelière si la mise hors d'eau s'avère périodiquement indispensable. La prise se prolonge par un canal ou béal maçonné, pavé, en terre battue ou taillée dans le roc. Ce béal principal peut s'étirer sur plusieurs kilomètres avant de rejoindre les terres à irriguer. On ne peut qu'admirer la technicité des constructeurs car, malgré la distance et les obstacles rencontrés, les canaux conservent une pente très faible mais régulière. Ainsi, sur la commune de Saint André de Majencoules, dans le Gard, un béal datant de la fin du XVIIIe siècle s'allonge sur un parcours de 2,5 km avec une pente moyenne de seulement 1 %, ce qui laisse supposer soit un savoir-faire remarquable, soit des instruments de nivellement d'une grande précision ou, plus probablement, les deux à la fois. Le cheminement peut être parsemé d'embûches diverses, en raison du substrat qui varie, passant d'un sol meuble et perméable, imposant pavage en maçonnerie, à un passage rocheux, exigeant pic ou mine. Quand des ravins ou des torrents coupent le cours du béal, il faut construire des aqueducs, et creuser un tunnel si un escarpement barre le passage.

Récupération des eaux souterraines

En milieu méditerranéen, surtout en pays calcaire, les sources font l'objet de travaux qui évitent de perdre une eau toujours précieuse par évaporation ou infiltration. Sur un versant en terrasses, cette eau utile pour les cultures, les bêtes et l'usage domestique est un danger quand elle s'accumule dans le sol soutenu par les murets. Aussi le bâtisseur prendra soin d'aménager toutes les sources sur un tel site et en amont. Les travaux peuvent se réduire à un simple captage, associé à un bassin fréquemment protégé par un surplomb rocheux, une voûte ou une construction.

Si aucune source n'existe, des galeries horizontales ou mines s'enfoncent sur plusieurs dizaines de mètres, recueillent l'eau suintant des parois et la conduisent, par une rigole, à l'extérieur où elle remplit une citerne ou un bassin. Les paysans andalous ont construit des systèmes de galeries drainantes dans le lit de la rivière qui coule quelques semaines par an à peine. Les galeries, en pente très faible, atteignent la nappe souterraine qui, elle, coule en permanence à 4 ou 5 m sous le niveau du sol et assure ainsi l'alimentation en eau des villages et des réseaux d'irrigation.

Récupération des eaux atmosphériques

Quand les eaux de surface sont inexsistantes et les eaux souterraines inaccessibles, des aiguiers récupèrent directement l'eau de pluie. Le plateau de Vaucluse, par exemple, dont toutes les eaux sont drainées en profondeur vers Fontaine de Vaucluse en est équipé d'un grande nombre.

L'aménagement type comprend un impluvium constitué par une dalle rocheuse mise à nu et creusée de rigoles convergeant vers un bassin protégé par une construction de pierres sèches, en voûte ou en encorbellement. Les pierres sont alors inclinées vers l'intérieur pour y retenir les eaux de pluie. Des variantes existent : on rencontre des citernes bâties, des toitures formant elles-mêmes l'impluvium ou encore des aiguiers composés de plusieurs citernes reliées entre elles par des réseaux com-

2

3

4

1 – Villars (Vaucluse), aiguier d'Auribeau.
2 – Sanilhac (Ardèche).
3 – Saint-Pierreville (Ardèche), mine des Murets.
4 – Mine de Comessac à Sumène (Gard). Cette mine est remarquable en ce qu'on peut y observer trois techniques différentes de construction : voûte en plein cintre montée en pierre sèche ; succession d'arcs de briques maçonnées s'appuyant sur des murs de pierre ; simple creusement dans la masse rocheuse jusqu'à la profondeur nécessaire sans soutènement du plafond.
5 – Saint-Jean-de-la-Rivière (Alpes-Maritimes), prise d'eau du canal de la Vésubie.
6 – Gluiras (Ardèche).

5

6

1 – *Saint-Pierreville (Ardèche) : l'irrigation des prés et prés-vergers se fait par des rigoles dont le bord aval est entaillé à intervalles réguliers pour permettre l'étalement de l'eau sur la prairie. Ce mode d'irrigation exige des quantités d'eau relativement importantes et un curage fréquent des béals.*

2 – Auriol (Bouches-du-Rhône), martelière mécanique sur le Grand Vallat ou Béal de la Paroisse.
3 – Auriol (Bouches-du-Rhône), principe du réseau d'arrosage par un système de martelières de complexité décroissante.

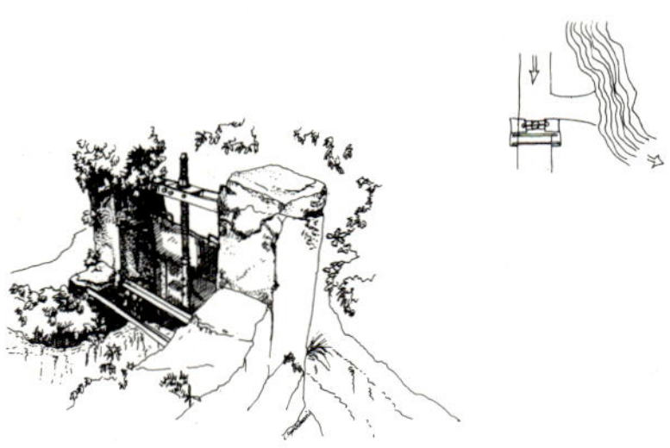

2

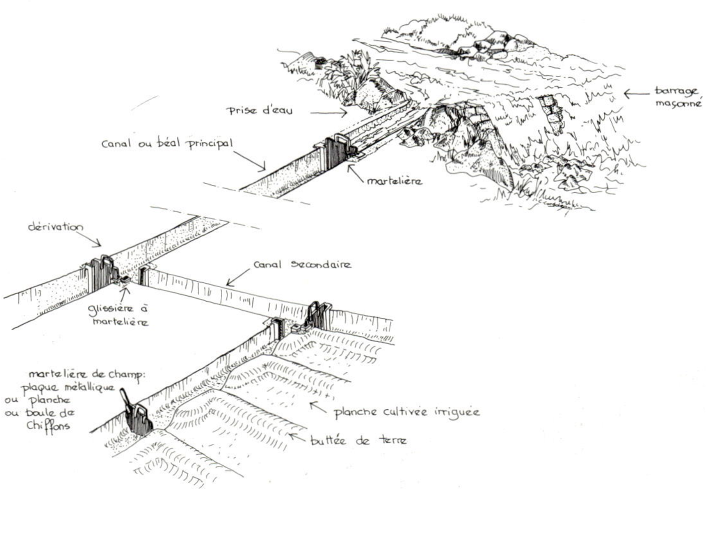

3

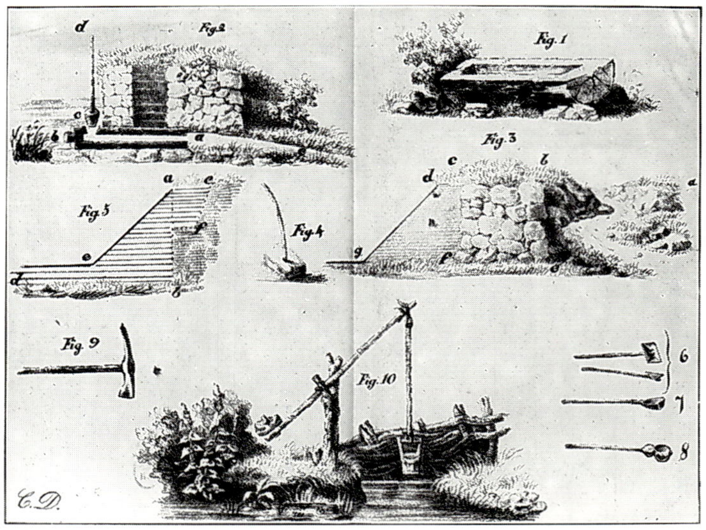

4

4 – Extrait de : Recueil de mémoires et d'observations de physique, de météorologie, d'agriculture et d'histoire naturelle *par le baron L.A. d'Hombres Firmas, 1838.*

Fig. 1 : Auge creusée dans un tronc d'arbre. Fig. 2 : Système de vidange d'un réservoir. Fig. 3 : Mur d'un réservoir en pierres sèches et terre battue. Fig. 4 : Masse ou batte pour tasser la terre. Fig. 5 : Réservoir creusé. Fig. 6-7-8 : Azaïgadouïres, cuillères pour asperger les plantes. Fig. 9 : Pigasso, houe pour tracer les rigoles. Fig. 10 : Puits à balancier.

5

5 – *Annot (Alpes de Haute-Provence).*
6 – *Monoblet (Gard), aqueduc formé d'un seul bloc de pierre sculpté.*
7 – *Saint-André-de-Valborgne (Gard), aqueduc d'irrigation.*

plexes. La couverture manque parfois, au risque alors d'exposer l'eau à la chaleur et à diverses pollutions qui la font croupir (déchets organiques, animaux noyés, etc...). Des constructions similaires se rencontrent également dans les garrigues de Nîmes et plus loin en Afrique du Nord.

Selon des hypothèses séduisantes, certains grands tas de pierres ou clapiers n'auraient pas été construits dans le seul but de l'épierrage, mais également pour servir de récupérateurs d'eau. La rosée, se condensant le matin sur ces pierres plus fraîches que l'air ambiant, serait absorbée par le sol et lui fournirait l'humidité tant recherchée.

Stockage

Entre le lieu de captage et les terrasses cultivées, et de façon quasi systématique au débouché des sources ou des mines, se trouvent des citernes ou bassins. On peut les creuser dans le rocher, lorsque celui-ci le permet, les maçonner partiellement ou totalement, ou les rendre étanches avec de la terre battue ou de l'argile, les couvrir ou les laisser à l'air libre. Grâce à ces réverves, l'utilisateur aura un volant d'eau disponible en période de faibles débits. Ces ouvrages construits par les particuliers, mais alimentés par un réseau souvent collectif, offrent l'avantage d'affranchir partiellement les agriculteurs des contraintes imposées par les « tours d'eau » puisqu'il devient possible de remplir le bassin son tour venu et de n'utiliser l'eau que plus tard.

6

Distribution et utilisation

Après l'avoir captée et stockée, il faut redistribuer l'eau dans les parcelles. Pour irriguer celles en contrebas, les systèmes traditionnels n'utilisent que la force de gravité. La forme des réseaux de distribution, parfois extrêmement complexe, varie considérablement selon les régions et les cultures pratiquées. Le principe, lui, est le même : un canal principal alimente des canaux secondaires distribuant, dans des rigoles, l'eau à répandre sur l'ensemble de chaque parcelle. Ce principe simple de distribution autorise toutes les adaptations possibles selon que l'on désire irriguer des cultures maraîchères, des vergers ou des prés. Pour les parcelles situées au-

7

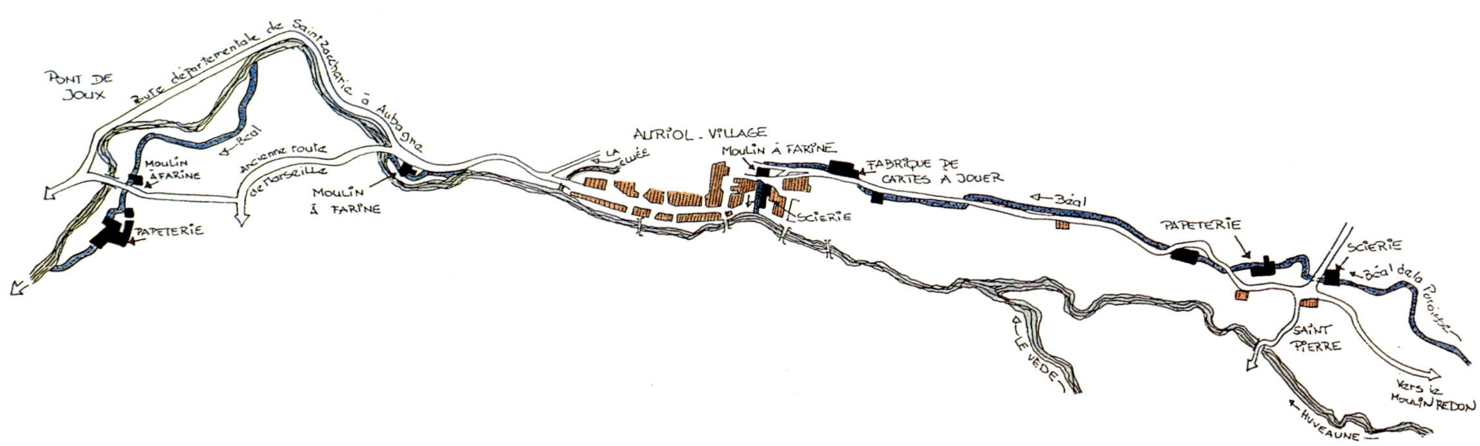

1

2

1 – Auriol (Bouches-du-Rhône), béal de la Paroisse et les fabriques au XIXe siècle.
2 – Auriol (B.d.R.), béal des Artauds, machine à laver les carottes.
3 – Saint-Sauveur-de-Montagut (Ardèche).
4 – Les moulins entre Monaco et Roquebrune (anonyme).

3

4 Les Moulins, entre Monaco et Roquebrune. (Photographie du Casino.)

dessus du réservoir, des roues élévatrices, ou norias, mues par l'eau elle-même ou par un animal, permettent de gagner à l'irrigation quelques niveaux supplémentaires. Près des maisons, dans les potagers et jardins d'agrément, les dimensions à la fois ludiques et utilitaires des lieux induisent des sophistications et des raffinements souvent surprenants.

A partir du milieu du XXe siècle les terrasses n'ont pas échappé au phénomène de l'irrigation par aspersion. La mise sous pression de l'eau se fait soit par gravité grâce aux dénivellations naturelles, soit en utilisant des pompes à moteur, parfois des éoliennes. Ces nouvelles énergies permettent également d'amener l'eau sur des terrasses jusqu'alors non irrigables. Dans les situations favorables, la diversité et la qualité des cultures alors possible, justifient largement l'investissement de la pompe qui redonne à des parcelles en voie d'abandon une nouvelle valeur.

Usages associés

En repérant les terrasses de la commune d'Auriol (Bouches-du-Rhône), nous avons découvert l'existence d'équipements originaux : des machines à laver les carottes, inventées par un Auriolais en 1930. Les légumes (carottes, navets) étaient auparavant brossés à la main, travail très dur, surtout en hiver. En peu de temps, la machine lave plusieurs centaines de kilogrammes. Il s'agit d'une cage métallique cylindrique ou hexagonale qui tourne, mue par un moteur, dans un bassin, dont on renouvelle l'eau fréquemment, ou dans le fil de l'eau d'un béal. On voit à travers cet exemple que les aménagements hydrauliques ne sont pas réservés uniquement à l'irrigation. Ils alimentent la fontaine et le lavoir du village ou du hameau et l'eau arrive parfois jusqu'à la maison pour les usages domestiques, amenée par les béals depuis la rivière, le torrent ou la source. L'eau fut longtemps, avec le vent, la seule source d'énergie mécanique, et comme telle, indispensable pour bien des équipements artisanaux et industriels. Les réseaux de béals ont ainsi assuré fréquemment une double fonction : irrigation des cultures et des jardins et alimentation en force motrice, en eau de refroidissement et de lavage pour les fabriques, les moulins à farine et à huile, les moulins drapiers ou foulons, les forges ou martinets, les filatures, scieries, papeteries...

Problèmes contemporains

Dans le fonctionnement traditionnel, chaque usager participait aux frais et aux travaux de création, de curage, d'entretien et de réparation qu'il fallait réaliser en commun ou au moins simultanément. De nombreux documents d'archives et des comptes rendus de procès relatent les conflits d'usage ou de voisinage liés à ces contraintes (prélèvements d'eau trop importants par les agriculteurs en période d'étiage, pollutions diverses par les fabriques, etc...). Ces témoignages nous aident à mieux comprendre les systèmes agraires et économiques en usage jusqu'au milieu de ce siècle, mais les conversations avec les utilisateurs d'aujourd'hui révèlent l'actualité de telles affaires, aggravées du fait de l'abandon de portions de réseau consécutivement à la déprise rurale. Ceux qui les utilisent encore ne parviennent pas toujours à assumer leur part de ces travaux, et souvent ils abandonnent, le fonctionnement des systèmes hydrauliques étant trop perturbé par les dégradations du temps.

Par ailleurs, l'eau peut constituer un nouveau danger en transportant des produits agricoles polluants : désherbants, traitements phytosanitaires, engrais. Cette situation est particulièrement préoccupante sur les versants des zones de plateaux calcaires facilement mécanisables. Quand une agriculture intensive s'installe sur les sommets, comme c'est le cas dans l'Aveyron, l'eau qui dévale les coteaux, ou celle qui ressurgit des sources captées, transporte cette pollution sur l'ensemble des terrasses. Cette situation peut engager des responsabilités quand les terrasses d'aval subissent les conséquences d'une pollution agricole d'amont. Une telle pollution, même si elle ne paraît pas à première vue menaçante pour la santé, peut interdire la culture de produits de qualité ou remettre en jeu l'attribution d'un label pour des agriculteurs biologiques par exemple. Dans les pays de terrasses, la maîtrise des substances d'épandage à des fins agricoles doit être assurée avec une rigueur absolue, du fait des phénomènes de concentration de ces produits et de l'étendue de l'impact des eaux qui ruissellent, circulent ou pénètrent dans le sol en profitant du système hydraulique que constituent les terrasses.

Pour en savoir plus :

BAZZANA (A.) *L'hydraulique agraire dans l'Espagne médiévale* – 1987

BLANCHEMANCHE (P.) *Les terrasses de culture des régions méditerranéennes* – 1986

CORDOLEANI (M.) *Composantes linéaires du paysage agraire provençal* – 1983

VAUDOUR (J.) *La commune d'Auriol (Bouches-du-Rhône) Étude géopédologique* – 1967

Collectif, *les paysages ruraux de la montagne audoise* – T.II Corbières – 1983.

Tain-L'Hermitage (Drôme)

la terre

« L'industrie de l'habitant des Cévennes est au moins aussi étonnante lorsqu'il s'occupe de fertiliser le flanc d'une montagne calcaire : presque partout, ces montagnes sont formées par des couches de pierres d'environ un demi-mètre (un pied et demi) d'épaisseur. Ces diverses assises forment retraite l'une sur l'autre dans le sens de l'inclinaison de la montagne ; mais l'agriculteur donne à tous ces échelons ou plateaux une largeur en brisant la pierre, dont il emploie les débris à construire un petit mur sur le rebord du plateau lui-même ; il remplit ensuite cet encaissement d'une couche de terre végétale qu'il prend dans les fentes de la roche, ou qu'il transporte sur son dos, du pied même de la montagne où les eaux l'ont peu à peu entraînée : ainsi, après un travail opiniâtre, le flanc de la montagne se trouve hérissé de petits murs parallèles qui encaissent des couches de terre végétale, d'un à trois mètres (trois à neuf pieds) de largeur.

Chaptal
Communication à la Société Centrale d'Agriculture 1799

A chaque période de grande pression démographique les hommes ont aménagé les versants pour cultiver toute la terre arable disponible puis ils les ont abandonnés, dès que la nécessité ne l'exigeait plus. Dès les premiers reliefs, sur les pentes et les plateaux attaqués par l'érosion, il ne reste dans les régions méditerranéennes qu'une mince couche de terre fragile. Une maigre végétation ne fournit guère de matière organique, d'humus. Le peu d'éléments fertilisants restant se perd, entraîné par ruissellement ou percolation lorsque les pluies arrivent.

Contrairement à ce que l'on pense généralement, la terre arable est, pour une grande part, une création de l'homme. Le premier travail du paysan a été de créer son outil de travail, le sol. Il a fallu creuser, ôter, puis entasser des centaines de tonnes de pierres, accumuler la terre et l'enrichir, l'entretenir. Les agriculteurs d'aujourd'hui vivent encore sur cet héritage.

1

Défoncement, effondrement

Quelques textes, notamment du XIXe siècle, et des témoignages plus récents de vieux paysans, nous apprennent que pour approfondir la couche meuble du sol, nos ancêtres procédaient à des défoncements, qualifiés « d'effondrements » quand le sol reposait sur des couches dures ou pierreuses. Il s'agissait de réduire la roche en éléments les plus fins possible, en utilisant de simples outils tels que la houe, le pic, la barre à mine, la masse, les coins de fer.

Ces effondrements portaient sur une profondeur d'environ 75 cm, mais ils pouvaient atteindre 1,50 m sur les coteaux granitiques de Tain l'Hermitage dans la Drôme.

Dans la plupart des vignobles implantés sur des coteaux escarpés comme celui du canton de Vaud, en Suisse, ou celui de Côte Rôtie, au sud de Lyon, l'effondrement avait pour nom « dérochement » ce qui en dit long sur l'état initial de ces coteaux. Les paysans employaient déjà la poudre pour éclater la roche, comme continuent à le faire certains forestiers et arboriculteurs avant de réaliser de nouvelles plantations.

Épierrement

Il fallait ensuite écarter les pierres les plus grosses issues de l'effondrement. Commençait alors l'épierrement qui s'est poursuivi pendant des siècles. Il a mobilisé l'énergie des nombreuses familles paysannes, exigeant la participation de tous les membres, femmes et enfants compris, chacun selon ses forces.

Les pierres ont, bien sûr, servi à la construction des murs mais aussi à celles des bâtiments et des routes. L'excédent, entassé sur des pierriers, forme des « clapiers », ou « clapas », fréquemment limités par un muret de soutènement pour éviter que les pierres ne s'étalent sur la parcelle cultivable. Le même souci de préservation du moindre mètre carré cultivable conduisait à constituer des tas, quand faire se pouvait, sur des affleurements rocheux ou en d'autres endroits improductifs. Un mur grossièrement appareillé marque souvent, à l'amont de sites très pierreux, la limite supérieure de la parcelle cultivée. Les pierres éliminées du champ sont rejetées en vrac de l'autre côté.

De nos jours, l'épierrement se poursuit, mais sur les terrasses les plus larges, quand la pente est faible, les agriculteurs arrivent parfois à réduire ou supprimer les murs et les pierriers, en utilisant d'énormes concasseurs. Ainsi ils agrandissent et rendent mécanisables leurs parcelles. Par ailleurs, pelles mécaniques et bulldozers ont remplacé le défoncement manuel.

Ces nouvelles techniques, fort intéressantes par certains aspects, ne sont pas exemptes d'effets néfastes que l'on commence à percevoir : bouleversement des horizons du sol sans apport de matière organique, mobilisation de grandes quantités de calcaire actif... Il s'agit donc de les utiliser avec précaution.

Une fois les pierres profondes ou de surface « éliminées », la parcelle n'est pas pour autant prête à recevoir les cultures.

2

1 – Goult (Vaucluse), mur à double parement.
2 – Le Revest du Bion (Alpes de Haute-Provence), épierrement ancien.
3 – Cassis (Bouches-du-Rhône), création de banquettes au bulldozer.
4 – Cassis (Bouches-du-Rhône), reboisement sur banquettes.

3

4

1

1 – Pierre Deffontaines, région de Barcelone (Espagne), transformation des fonds de vallée en terrasses de terre, 1956.
2 – Saint-Martial (Gard).
3 et 4 – Cosimo Ridolfi, « Colmate di Monti », extrait du Giornalo Agrario Toscano, *1832.*
5 – Transport de terre ou de fumier avec la besse.

Transports et apports de terre

L'approfondissement de la couche arable grâce aux effondrements ne dispensait pas toujours de réaliser des apports de terre supplémentaires, pratique attestée par des textes depuis l'époque féodale. Les pauvres, payés en paniers de terre, constituaient ainsi leurs propres lopins. Au XIXe siècle, la terre était parfois achetée pour remplir les murs des vignobles en terrasses. Les apports devenaient systématiques en certains terrains escarpés, particulièrement pour les oliviers et les châtaigniers. Obtenue selon les cas en raclant jusqu'à la roche le maigre sol de certaines parcelles, ou en puisant dans les importantes réserves des bas fonds, montée, descendue, la terre a fait l'objet de transports importants. Elle provenait même de lieux plus inattendus, comme par exemple d'anciens cimetières, pour profiter des « terres sépulcrales » très réputées pour leur valeur d'amendement... Le marché de la terre arable ne date donc pas d'aujourd'hui.

Une technique de création de sols cultivables, supposant la maîtrise des eaux sauvages, s'est répandue dans de nombreuses régions du globe. Elle consiste à construire en travers de ravins plus ou moins pentus des barrages de pierre ou de terre qui vont se colmater grâce aux colluvions. Après formation d'une première terrasse, est élevé en amont un second barrage et ainsi de suite. Le ravin se transforme de cette manière en une succession de terrasses de vallon. Il reste alors à aménager des systèmes de collecte et de dérivation des eaux tels que décrits précédemment. Cette technique, jadis bien connue en France, a pour nom « clavade » en Cévennes schisteuses, « rascasse » en terrain granitique, « recavade » dans le Var, « estacade » en Auvergne. Des aménagements de ce type dénommés « colmate di monti », ont été entrepris à grande échelle à la fin du XVIIIe siècle en Toscane par un certain Testaferrata. Il fut freiné par l'importance de la main-d'œuvre nécessaire. Il est vrai aussi que sa technique prévoyait de brutaux et abondants lâchers de l'eau accumulée en haut des versants, pour accélérer l'atterrissement ; cette méthode a peut-être engendré quelques déboires... Cette façon de lutter contre l'érosion en utilisant la force même de l'eau, qui pourrait sinon être destructrice, représente une domestication au plein sens du terme.

Plusieurs dessins du géographe Pierre Deffontaines témoignent que cette technique existe également en Espagne. On la retrouve dans le Neguev, en Chine Populaire, mais aussi dans la chaîne montagneuse de Matmata en Tunisie, ainsi que dans son prolongement Lybien, le Djebel Nafassou, sous le nom de Jessour. Les systèmes utilisés pour la correction des torrents dans la restauration des terrains en montagne, s'inspirent du même principe.

2

5

3

4

Jessour

Les superficies aménagées en jessour couvrent 400 000 hectares et fondent la vie économique de toute une partie sub-saharienne de la Tunisie et de la Lybie. La technique est ici portée à son maximum de raffinement et a secrété une terminologie à la fois riche et précise pour en désigner tous les éléments. Sur ces terrains créés par l'homme poussent en particulier des oliviers mais aussi des palmiers-dattiers, figuiers, ainsi que de l'orge, des fèves, des lentilles... ce procédé apparaît comme le meilleur, à la fois pour valoriser l'érosion des versants et pour créer et maintenir une activité agricole dans ces régions.

(Dessin d'après S. El Amami)

C'est un panier presque rond, à peine ventru. Vannerie de châtaignier avec bordure en amarinier, très courante en Cévennes.

– Il a une histoire, ce panier, me dit Daniel Travier. C'est un « desquou » (une petite « desque ») mais on le nomme « le panier de la terre » – le « terraïrou ». On l'utilise encore de nos jours, pour monter le fumier au jardin et en rapporter des légumes par exemple mais, au départ, il servait de mesure et c'est pourquoi on l'appelle toujours « le panier de la terre ». Jadis, le travailleur qui faisait une journée chez le seigneur ou le curé, chez un notable, était payé en nourriture – quelques châtaignes – et en terre. Ce panier était la mesure. Il le remplissait avec de la terre prise chez son employeur, dans un coin difficilement cultivable des biens de celui-ci, et le rapportait chez lui, sur sa maigre propriété ! Là, il vidait le panier sur un versant rocailleux où, retenue par une murette de pierres sèches, la terre apportée ainsi, panier par panier au jour le jour, finissait par constituer un petit champ artificiel, vigne ou jardin suspendu, l'une de ces merveilleuses terrasses de culture que l'on nomme « traversiers » ici, « barres » à Chamborigaud, « accols » vers l'Ardèche, « bancel » ailleurs et « faïsses » un peu partout dans la Cévenne.

Quand on sait cela et qu'on regarde mieux tous ces versants étagés, tous ces champs gagnés sur le roc, le paysage devient vertigineux. Combien de journées de labeur, combien de ces paniers de terre représente chacun de ces mètres carrés ?

– Les murettes elles-mêmes, qui retiennent cette terre rapportée, étaient souvent construites par des Gavots, au clair de lune. Les Gavots, ces gaillards de haute Lozère, encore plus misérables que les Cévenols d'alors, descendaient chaque été louer leurs bras dans les bas pays du Rhône pour les moissons et les vendanges. Au retour, ils s'arrêtaient dans nos vallées pour la cueillette des châtaignes. Ils faisaient ce travail gratuitement, pour la nourriture seulement, et sans doute aussi pour avoir le droit de dormir dans le foin des paillers. Ils ramassaient les châtaignes le jour, gratis, mais pour se faire quelques sous, les nuits de pleine lune, ils allaient monter les murettes de pierres sèches de nos faïsses...

– Ce salaire payé en paniers de terre, c'est une coutume moyenâgeuse, tombée en désuétude depuis longtemps ?

– Oh, pas si longtemps ! et Daniel Travier précise : j'ai retrouvé les documents prouvant que cela se pratiquait encore à Monteil, au-dessus des Plantiers, près de Saint-Jean-du-Gard, juste avant la Révolution.

Jean-Pierre Chabrol
« *Le Crève-Cévennes* » Plon 1972,
pp. 175-177.

1

2

1 – Sablières (Ardèche).
2 – Vallée du Paillon (Alpes-Maritimes), épandage de fumier.
3 – Saint-André-de-Majencoules (Gard), Les Costes.

La matière organique

Le sol n'est pas fait que de matière minérale, sa mise en culture intensive exige un enrichissement en matière organique. Chaque année les hommes transportaient sur leur dos le fumier des étables et bergeries, de même que la terre récupérée. Dans les Cévennes ils utilisaient pour cela le « saccol », un petit sac de toile à moitié rempli de paille, qui se portait en capuchon sur la tête, couvrait les épaules, et sur lequel reposait la « besse », panier ou caisse pourvu de deux longues pièces de bois pour en assurer l'équilibre.

De nos jours, de petits transporteurs de montagne motorisés évitent les longs parcours avec cette charge sur le dos, mais la brouette garde toute son utilité sur les petites parcelles, où les engins ne peuvent circuler. Quand le fumier manque, on peut utiliser des végétaux qui, en se décomposant, constituent une source possible de matière organique. Les végétaux ligneux produisent un humus meilleur et d'un effet plus durable, ce qui explique l'utilisation fréquente du buis, ou d'autres arbustes comme le genêt. Hachés, déposés au pied de chaque arbre et recouverts de terre ils assurent une bonne réserve humique et une fertilisation pour trois à quatre ans.

Les anciens connaissent bien le mode d'action de cette matière organique. Ils emploient l'expression « lier la terre » qui traduit très exactement le rôle joué dans la cohésion des agrégats par le complexe argilo-humique. « Sans cela, disent-ils, la terre devient sableuse et pousse les murs ». Sages propos à méditer par celui qui subit des problèmes d'érosion, après un emploi unique ou abusif d'engrais chimiques. Sur les terrasses, les mauvais choix techniques portent immédiatement à conséquence.

Il faut rappeler aussi l'importance de l'écobuage. Sans avoir pour résultat une amélioration sensible de la teneur du sol en matière organique, l'écobuage a longtemps fournit un moyen pratique pour obtenir des engrais rapidement mobilisables par les cultures. La technique consiste à découper l'herbe sèche en mottes, à l'entasser en andains avec quelques fagots de bois et à la recouvrir de terre avant d'y mettre le feu. Cette pratique présente des avantages multiples par rapport au brûlage de surface. La combustion lente sous la couverture de terre et la disposition en andains limitent la perte en éléments fertilisants, et évitent de stériliser le sol uniformément. Cette technique, très ancienne et universellement répandue, devient si méconnue en France qu'elle est confondue avec le simple brûlage utilisé surtout pour se débarrasser des mauvaises herbes.

3

Le Castellet (Var)

la pierre

« Celle (la terre) de la Montagne ou trop droite pente sera adoucie par murailles tranversantes, appelées bancs et colles qu'à pierre sèche, pour l'épargne, on y bâtira en plusieurs endroits, près à près l'une l'autre, les tirans comme à niveau pour retenir la terre que les pluies et fréquents labeurs n'avallent en bas, pourvu que la commodité de la pierre étant sur le lieu près d'iceluy favorise l'œuvre ».

Olivier de Serres
Théâtre d'Agriculture et Mesnage des Champs 1600

La pierre, présente partout, élément hostile dont la minéralité rappelle le désert, rend le travail pénible et use les outils prématurément, mais le paysan a su aussi en tirer parti. Les aménagements en pierres sèches, et notamment les terrasses, expriment l'alliance la plus accomplie de l'homme et de la pierre. Les murs de soutènement, éléments majeurs des paysages en terrasses, loins d'être de simples empilements, nécessitent la mise en œuvre d'un corps de techniques simples mais indispensables. A fortiori les équipements d'accompagnement : accès, niches, abris, etc… exigent dans leur diversité une grande maîtrise et donnent lieu à des ouvrages parfois monumentaux.

1

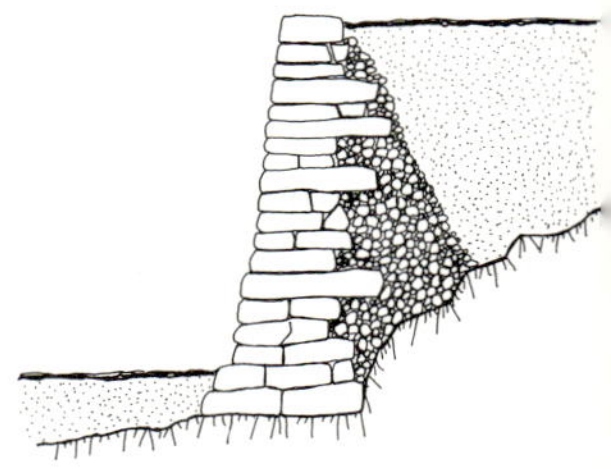

2

1 – *Puget-Rostang (Alpes-Maritimes), mur en construction, écomusée du pays de la Roudoule.*
2 – *Coupe d'un mur de terrasse.*

3

Les murs de soutènement

3 – *Goult (Vaucluse), arc de décharge.*
4 – *Grasse (Alpes-Maritimes), Saint-Mathieu, chaînes d'angle.*

Les murs de soutènement constituent le fondement du système, l'architecture la plus visible, dont la marque subsiste le plus longtemps après l'abandon. Leur construction fait appel à un certain nombre de principes assez généraux, mais essentiels pour leur assurer une durée de vie suffisante. Leur fonction principale consiste en effet à soutenir les terres pour permettre les cultures, fonction d'ailleurs reconnue au niveau juridique, puisque la législation rattache le mur au terrain supérieur, du point de vue de la propriété, et aussi de l'entretien.

Voici donc quelques « règles » de construction léguées par l'expérience de générations de paysans-maçons.

– Les fondations doivent atteindre « le bon sol » : le substrat rocheux mis à nu à l'occasion du modelage du terrain. C'est essentiel pour une construction en pierres sèches, particulièrement sensible aux affouillements sous fondations provoqués par l'érosion. Lorsque le sol meuble est trop épais pour atteindre le rocher, il faut alors monter une assise de blocs sur une largeur plus importante que le mur lui-même, pour l'y poser de façon stable.

– Aucun apport extérieur de matériaux n'est nécessaire : ni chaux, ni sable, ni eau. Ceux disponibles sur place par épierrage ou par extraction au moyen d'outils simples (pic, coin, masse) suffisent, la technique de la pierre sèche n'utilise pas de liant. Les pierres d'apport restent l'exception pour un usage éventuel vraiment spécifique : chaîne d'angle, linteau... Nous n'avons jamais trouvé de terrasses de culture bâties avec des pierres provenant d'une distance supérieure à quelques centaines de mètres.

– Le grand avantage technique du mur en pierres sèches est sa totale perméabilité : il retient fort bien les terres car il laisse passer l'eau sur toute sa surface. Pour cette raison, il est essentiel de construire, entre le mur de pierre et la terre en amont, un drain de pierres plus petites qui jouera le rôle de filtre aussi longtemps qu'il ne sera pas colmaté. Ce drainage vertical assurera la stabilité du mur pendant de longues années.

– Pour faciliter une bonne cohésion et une bonne stabilité de l'édifice, les pierres doivent être assemblées de sorte à ne laisser qu'un minimum de vide et à augmenter la densité globale du mur. Chaque pierre, croisée absolument sur les précédentes est, dans toute la mesure du possible, montée en « boutisse », c'est-à-dire talon bloqué vers l'arrière du mur.

– Comme un arc-boutant, le parement du mur doit s'incliner légèrement vers l'amont avec un angle ou « fruit » d'autant plus important que le matériau est de mauvaise qualité et le constructeur débutant. Pour les appareils de granite du mont Lozère, cette pente ne dépasse guère 5 cm par mètre alors que sur des murs en grès ou calcaire, elle peut atteindre 30 cm par mètre.

– Pour les roches stratifiées, la pose se fait selon les lits horizontaux ; en effet, une pierre posée dans l'autre sens (pose en délit) tend à éclater en se délitant. Les « hommes de l'art » connaissent « l'endroit » de la pierre, qu'ils se gardent de poser « à l'envers », pour respecter sa position antérieure dans le sol.

– Le faîte des murs, fragile, sensible aux passages des animaux et des outils doit être consolidé de diverses façons, soit par des pierres plus longues et plus lourdes, posées en paneresses, soit par des pierres plates posées sur chant.

– Les murs à deux parements, plus rares, parfois difficiles à repérer, le second parement enfoui n'étant pas toujours visible, sont nécessairement construits avant le remodelage du terrain. On les élève sur des pentes faibles, pour obtenir progressivement une terrasse, par simple colluvionnement en arrière du mur, à la façon des « jessours » tunisiens. Les principes de construction restent les mêmes que pour les murs à un seul parement, mais il faut veiller à multiplier les boutisses pour solidariser les deux faces du mur.

Enfin certaines parties de murs demandent une attention particulière, imposée par leur situation.

– L'appareil des têtes de murs et les angles exigent un traitement particulier du fait de leur exposition plus grande aux agressions. Il faut les construire avec des pierres plus importantes, parfois retaillées pour les disposer de façon à assurer une stabilité maximale. Dans un angle, les pierres en besace assurent une bonne liaison entre les deux pans de murs.

Pour franchir un obstacle : passage d'eau, point plus fragile de la roche sous-jacente, etc., la création d'arcs de décharge, de plein cintre ou surbaissés, devient indispensable.

Tous ces conseils si importants ne remplaceront pourtant jamais l'expérience ni le goût pour la pierre.

Intérêts agronomiques des murs

Les efforts déployés pour construire les murs sont compensés par leurs avantages agronomiques.

– En maintenant la terre, les murs permettent de créer des parcelles de culture relativement plates avec une quantité de terre arable satisfaisante.

– Ils participent au système hydraulique à la fois en retenant et en laissant passer l'eau.

– Ils constituent des réserves thermiques grâce à la chaleur accumulée dans leur masse. Cette douceur bien sensible en fin de journée, quand le soleil a disparu, autorise des cultures impossibles sur des terrains voisins non aménagés.

– Ils créent la possibilité de stocker contre eux de la terre végétale sur une profondeur inhabituelle. Cette caractéristique est utile pour certaines cultures, en contrepartie le mur provoque des réchauffements élevés asséchant le sol par fort ensoleillement. Ce phénomène explique sans doute la localisation fréquente en bordure de terrasse d'un rang de vigne, plante bien adaptée aux microclimats chauds et secs.

4

1 – Saint-Cézaire-sur-Siagne (Alpes-Maritimes), quartier L'Adrecht, mur en calcaire. 2 – Ota (Corse du Sud), mur en granite. 3 – Sumène (Gard), moulin de Pujol, mur de protection des berges, pierres de chant. 4 – Sainte-Cécile-d'Andorge (Gard), quartier La Meyrarède. 5 – Saignon (Vaucluse), appareil en arêtes de poisson. 6 – Gordes (Vaucluse), mur de molasse calcaire. 7 – Saint-André-de-Valborgne (Gard), appareil de schiste. 8 – Céreste (Alpes de Haute-Provence), Les Blaques, mur en éclats de calcaire. 9 – Castellet-les-Sausses (Alpes de Haute-Provence), quartier Les Couestes, près du lit du Var, appareil mixte incluant des galets. 10 – Beaumont-de-Pertuis (Vaucluse), appareil de galets.

1

Appareil

Les multiples possibilités d'agencement des pierres entre elles expliquent la diversité extrême des murs dont le parement ne présente que la face visible. L'aspect du mur achevé résulte de la combinaison de deux facteurs : le matériau et le constructeur, le premier influant par la forme, la couleur, la taille des pierres mises en œuvre et le second par son habileté, son sens esthétique, voire son inspiration du moment.

La nature des matériaux dépend des supports géologiques. Elle caractérise un lieu en participant à son image et en renforçant son identité. Sa qualité varie beaucoup, ainsi sur des terrains coquilliers très friables, des calcaires marneux ou des schistes gélifs, la pierre se désagrège rapidement ; certains galets arrondis ou des calcaires se délitant en éclats ne favorisent pas la cohésion de l'appareil.

Pourtant la qualité des pierres ne suffit pas à expliquer la diversité des murs observés. En effet, le bâtisseur va utiliser cette matière brute pour exprimer sa technicité dans son ouvrage : avec le même matériau, dans une même région, des appareils très différents coexistent. A tel point qu'on peut souvent reconnaître la « patte » de tel ou tel constructeur. Certains possèdent manifestement un savoir-faire professionnel qui donne de beaux murs, techniquement sans défaut. D'autres, amateurs plus ou moins éclairés, bâtisseurs d'occasion, beaucoup moins habiles, construisent des murs qui ressemblent à un bricolage, parfois solide et efficace, mais d'apparence assez fruste. De fréquentes entorses aux principes sont le fait de maîtres « muraillaïres ». Elles apparaissent comme l'aboutissement d'une recherche esthétique ou symbolique, dépassement d'une technique laborieusement appliquée par d'autres. Il en est ainsi des murs en « arête de poisson » ou en chevrons, dits parfois « wisigothiques » ou « celtiques », sans que l'on puisse en attribuer l'origine à l'un ou l'autre de ces peuples. Des appareils, au premier abord incompréhensibles, se révèlent être des manifestations d'une grande maîtrise. Tel mur de soutènement en bord de rivière, construit de plaques de schiste en délit, paraît peu résistant. Mais en période de hautes eaux, ce mur sert d'abord de digue protectrice pour les prés en contre-haut ; dans ces conditions, ces pierres résistent mieux aux agressions du courant. Ce système est par ailleurs moins sensible au colmatage et on le rencontre fréquemment sur les points de concentration des eaux de ruissellement, dans le fond des talwegs notamment.

Aux grandes époques de construction, coexistaient deux types de bâtisseurs : d'une part les agriculteurs qui construisaient eux-mêmes ou restauraient les murs pour leurs cultures vivrières autoconsommées ou de faible rapport et des spécialistes (muraillaïres ou emparadaïres), parfois agriculteurs du cru, mais souvent aussi venus d'Italie ou d'ailleurs qui réalisaient des travaux plus complexes, plus importants, particulièrement pour des cultures de rapport dont le produit permettait de valoriser cette main-d'œuvre. Aujourd'hui, cette deuxième catégorie a disparu faute de travail. Il ne subsiste que des amateurs plus ou moins talentueux, amoureux des terrasses.

La pierre sèche constitue le procédé de soutènement le plus répandu dans nos régions, mais des talus gazonnés jouent un rôle équivalent, dès que les conditions climatiques permettent que des plaques d'herbe découpées et disposées sur le talus aient des chances de reprendre et de se développer. Cette technique, répandue par exemple dans les Alpes niçoises, évite d'avoir à construire ces murs en pierres, quand celles-ci manquent en quantité ou en qualité. De plus, bien que très pentues, ces surfaces fournissent un fourrage pâturé ou fauché très apprécié. Enfin, le travail de construction et d'entretien demande un effort moins pénible.

Les banquettes modernes construites au bulldozer procèdent de la même logique, la hauteur des talus dépend des risques d'érosion, eux-mêmes fonction du climat, de la nature du sol, et des techniques culturales.

Mais si aucun procédé de soutènement n'est mis en œuvre, le ruissellement sanctionne rapidement les défauts de conception et de réalisation.

2

3

4

5

6

7

8

9

10

1 2

Les accès

L'aménagement du territoire, la mise en valeur d'un versant dépendent de la qualité des chemins. Le chemin primitif ne fut pas seulement une voie de communication et de transport ; à partir de lui s'organisait le système d'accès aux terres dont il constituait l'armature.

Les grandes voies de communication concernent peu notre propos sauf lorsqu'elles passent à proximité immédiate d'un site de terrasses.

Les chemins de desserte, eux, relient les parcelles de production agricole aux grandes voies ou aux sièges d'exploitations et aux agglomérations. Dans leur quasi-totalité, les chemins anciens utilisent la topographie (talweg, ligne de crête...) ou prennent en écharpe de grandes parties de versant. La plupart sont l'œuvre d'une population nombreuse qui a bâti cette campagne sur des lignes de force toujours actuelles. Accessibles à un homme seul ou à un animal de bât, très rarement à une charrette, les chemins muletiers d'une époque sans motorisation desservent généralement plusieurs propriétés. Ils sont publics et leur entretien incombe à la collectivité. Leur création a souvent nécessité des travaux et des efforts importants, empierrement, passages sculptés dans le rocher, murs de soutènement en grand appareil, parfois ouvrages d'art. Ces aménagements de pierres sèches témoignent d'un grand savoir-faire, si on se souvient qu'ils ont été réalisés sans aucun matériau ni capital étranger à la communauté. La disparition des chemins, éléments structurels de l'espace rural, représente la perte de tout un pan du patrimoine culturel d'un pays.

Les accès internes, plus modestes, mais plus variés appartiennent au propriétaire, seul maître d'ouvrage qui crée à sa guise rampes ou escaliers selon ses propres besoins. Il lui faut tout au plus obtenir l'accord du propriétaire mitoyen.

Les rampes permettent de passer d'une parcelle à l'autre avec des véhicules à roues et des animaux de bât. Leur organisation varie avec la topographie et l'importance de la parcelle.

Les escaliers servent d'accès principaux pour de petites parcelles enclavées ou d'accès secondaires pour faciliter la circulation à pied à l'intérieur de parcelles plus grandes. Ils présentent l'avantage de n'utiliser qu'une faible partie de la surface cultivable durement créée, mais l'inconvénient de n'être pas franchissables avec un matériel encombrant ou une charrette.

Les escaliers, comme les rampes, se succèdent d'une terrasse à l'autre en évitant le cheminement sur la terrasse intermédiaire. Dans certains cas, l'intérêt qu'apporte l'utilisation d'un motoculteur ou d'un petit transporteur compense largement la perte de terrain nécessaire à l'élargissement d'un accès, ou à la transformation d'un escalier en rampe. Mais ce type de transformation exige une grande observation et une grande prudence pour éviter de perturber l'ensemble du système. Enfin, pour éviter les transports fatigants, quelques rares agriculteurs emploient des treuils ou de petits funiculaires, d'autres, également très modernes, continuent d'employer des ânes ou des mulets particulièrement bien adaptés pour ce type d'agriculture.

3 

1 et 2 – Les Ollières (Ardèche)
3 – Veyras (Ardèche), propriété de la Barèze.
5 – Entrevaux (Alpes de Haute-Provence), chemin en pas-d'âne.
6 – Letia (Corse du Sud).
7 – Saint-André-de-Majencoules (Gard), Les Pauses.
8 – Beaumes-de-Venise (Vaucluse).

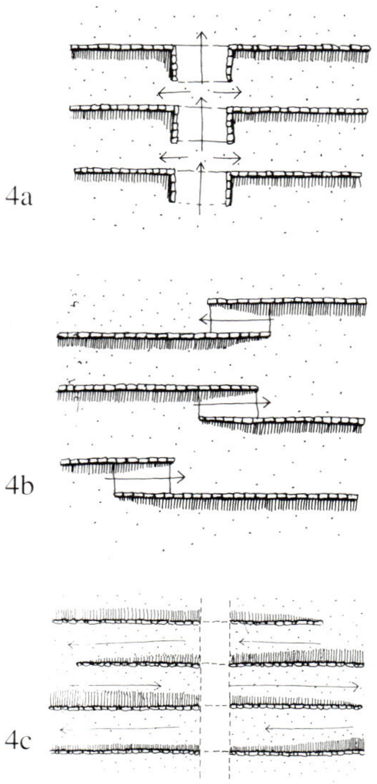

4

5

4. Rampes disposées dans le sens de la pente. *Elles occupent peu de place et leur création n'altère pas l'organisation du versant. Mais il n'est pas possible d'absorber ainsi de grandes dénivellations entre terrasses (maximum rencontré : 1,80 m). La déclivité est forte pour une largeur dépassant rarement 1 mètre. Ces rampes marquent souvent des limites de parcelles. (4a)*

Rampes perpendiculaires à la pente. *Elles permettent le franchissement de hauteurs plus importantes en gardant des déclivités modestes. Elles sont, soit posées sur la terrasse inférieure, contre le mur de la terrasse supérieure, soit, le plus souvent, incluses dans la terrasse supérieure. Elles se succèdent en lacets pour accéder d'une plate-forme à l'autre sans avoir à cheminer sur les précédentes. Leur largeur atteint couramment 1,50 m. (4b)*

Rampes alternées. *La forme même des terrasses, avec une légère pente longitudinale, permet le passage entre les niveaux par leurs extrémités. Ce système n'est possible que sur des versants en pente moyenne à faible, et dont l'aménagement est réalisé en une seule fois par un exploitant unique. (4c)*

Escaliers longitudinaux, dans le sens du mur. *Ils sont les plus répandus et aussi les plus praticables, pouvant être en retrait dans l'épaisseur du mur ou accolés à lui. Dans ce dernier cas, ils sont souvent postérieurs au mur lui-même. (7)*

Escaliers « volants ». *Ce sont les plus spectaculaires (mais aussi les plus acrobatiques !) constitués de longues pierres en encorbellement dépassant du mur. Ils présentent le grand avantage de ne pas empiéter sur la terre cultivable, mais aussi le grave inconvénient de n'être pas réparables lorsqu'une des marches se casse au ras du mur. (8)*

Escaliers perpendiculaires au mur. *Beaucoup plus rares, ils empiètent sur la bande cultivable, aussi sont-ils en général particulièrement raides. (3)*

7

6

8

1

2

Aménagements annexes

« Pour éviter la confusion et le sacrilège des sols, il a eu soin de planter de grandes pierres qui affirment les droits de cette terre que les Alibert ont cultivée ».
Henri Bosco
Le Mas Théotime

Dans la plupart des cas, l'aménagement du site de terrasses ne se limite pas aux murs et aux accès. Un grand nombre de constructions annexes, complétant la multitude des équipements hydrauliques, imprime sur ce tissu des dessins infiniment variés.

Les niches – L'usage des niches aménagées dans l'épaisseur des murs n'est pas établi avec certitude. Selon leurs tailles et selon les besoins, elles devaient servir d'abri pour les outils, pour un ou plusieurs chiens, voire pour un homme surpris par quelque violente averse. Dans ce dernier cas, on appellera « oustalet » ce cabanon minuscule, équipé parfois d'un siège et d'un petit foyer. Souvent orienté face à la vallée, il constitue un lieu propice à l'observation le temps d'un casse-croûte réparateur, ou à la méditation à la suite d'une sieste inspirée.

Les niches à ruches – Les niches exposées au sud permettent aux abeilles de reprendre très tôt leur activité et de profiter de floraisons précoces dès les premières chaleurs du printemps. Au cœur du mur, les abeilles bénéficient au mieux de la régulation thermique, sans que les ruches n'empiètent sur la partie de terrain cultivable. Le nombre des emplacements disposés en batterie varie de trois ou quatre à une trentaine. Ces constructions qui dénotent souvent un évident souci esthétique sont répandues, non seulement dans beaucoup de pays méditerranéens, mais aussi dans bien des régions de France et dans les Iles Britanniques.

Les cuves vinaires – Signe d'une activité vinicole passée, elles sont beaucoup moins répandues. Il s'agit de véritables caves entièrement sculptées dans le rocher avec leurs équipements : fouloirs, cuves de vinification. Elles permettaient de commencer la transformation du raisin sur les lieux mêmes de la culture de la vigne. Certaines pourraient remonter à l'époque gallo-romaine. Elles sont le plus souvent couvertes en utilisant la technique de la fausse voûte, détaillée plus loin.

Les clôtures – Les murs ne jouent pas seulement un rôle de soutènement des terrasses, ce sont aussi fréquemment des clôtures pour protéger les cultures contre les moutons, les chèvres ou les sangliers qui parcourent les collines et adorent s'égailler dans les parcelles cultivées.

Certains murs de terrasses s'élèvent souvent bien au-dessus du niveau de la parcelle supérieure pour enclore notamment les jardins proches du village et les soustraire à la vue et à la convoitise. Lieux de refuge et de solitude pour le jardinier, une certaine intimité y est nécessaire. Lorsqu'un berger construit un jardin pour ses propres besoins, il le protège de l'enclos voisin où il parque ses bêtes pour la nuit, à l'abri des rôdeurs, animaux ou humains.

Les pierres plantées – Les limites de propriété ne correspondent pas toujours à un mur. Elles sont alors matérialisées par des pierres plantées ou autres bornes. Ces limites étaient étroitement surveillées et scrupuleusement respectées sur ces territoires agricoles intensifiés.

3

4

1 – Lagnes (Vaucluse), rucher ancien, 1898.
2 – Goult (Vaucluse), mur de clôture.
3 – Gordes (Vaucluse), cuve vinaire.
4 – Saumane (Vaucluse), intérieur de cuve vinaire.

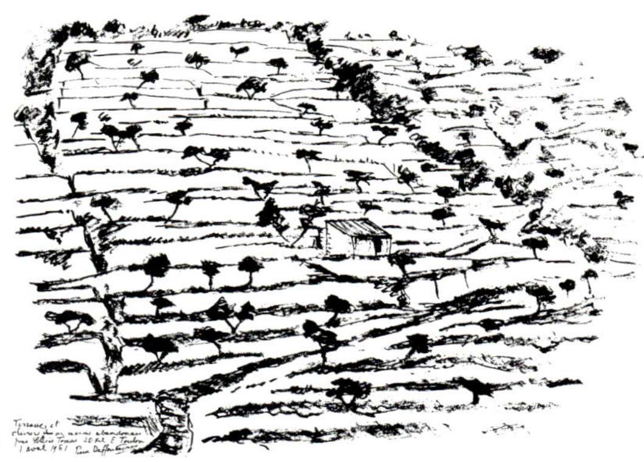
5

Les cabanons

Des constructions plus importantes appelées cabanons, cabanels, cabanes, bories... complètent très fréquemment les sites en terrasses. Elles font partie intégrante du système de production, même si ces bâtiments de travail avaient d'autres fonctions, notamment celle de lieux de loisirs et de fêtes. Bâties à l'usage d'abri et très exceptionnellement d'habitat plus ou moins temporaire, elles servent parfois de local pour de petits élevages familiaux (lapins). Dans les vignes, une réserve d'eau et un bac, indispensables à la préparation des bouillies de traitement, complètent l'équipement. Les bâtisseurs y expriment comme dans leur habitat principal leur sensibilité plastique à travers la qualité de l'appareil, la forme des voûtes, et des encadrements. Ils y ajoutent de nombreux éléments décoratifs : larmiers, corniches, « poupées » de faîtage...

5 – Pierre Deffontaines, Sollies-Toucas (Var), 1961.
6 – Beaumes-de-Venise (Vaucluse).

Double page suivante :
1 – Saint-Brès (Ardèche)
2 – Saint-Martial (Gard)

6

1

2

1

Il s'agit bien d'une « villégiature de proximité » où le propriétaire vient tout autant pour son plaisir que pour travailler : grande ouverture améliorant l'agrément du bâtiment, pierres délimitant un « jardinet », vieux chêne dispensant une ombre fraîche, plantations florales (iris, rosiers...) etc. Ces bâtiments offrent l'avantage de pouvoir s'agrandir selon les besoins ; le nombre et la disposition des pièces varient depuis la pièce unique et basse au véritable appartement de cinq ou six pièces. Adossés à une terrasse, les bâtiments à deux niveaux ont leur accès à l'étage qui se trouve de plain-pied avec la terrasse supérieure.

Issus de la terre, comme les murs, ces cabanons sont bâtis selon les mêmes critères d'économie. La pierre sèche, technique la plus répandue, autorise des modes constructifs multiples. La majorité des bâtisseurs utilisent la « fausse voûte » ou encorbellement qui n'exige pas de coffrage en bois. Lorsque le bâtisseur insuffisamment sûr du matériau ou de sa propre technicité préfère éviter l'encorbellement, il utilise la pierre de façon moins audacieuse en construisant une cabane à charpente. Même dans ce cas, il suffit de très peu de bois : quelques poutres pour le toit et l'éventuel plancher, quelques pièces de plus petite section, souvent de récupération, en guise de chevrons ou de linteaux et quelques planches grossières. Quand les conditions géologiques le permettent, des cabanons troglodytiques sont creusés dans un rocher suffisamment tendre.

La distinction entre le cabanon lié à l'exploitation de la parcelle et l'habitat à proprement parler n'apparaît pas toujours de façon évidente. La différence de fonction, pourtant essentielle, se manifeste dans l'ampleur de la construction. On remarquera aussi dans l'habitat les caractéristiques de l'adaptation architecturale à la pente : elles demandent à être examinées en détail.

2

1 – Caussols (Alpes-Maritimes), col du Clapier.
2 – Tain-L'Hermitage (Drôme)
3 – Beaumes-de-Venise (Vaucluse), cabanon troglodytique.
4 – Beaumes-de-Venise (Vaucluse), cabanon dans l'épaisseur d'un mur de terrasse.

3

4

1

1 – Bonnieux (Vaucluse)
2 – Saint-André-de-Majencoules (Gard)
3 – Apt (Vaucluse), Combe Coutelle, élévation et coupe d'une ferme isolée.
4 – Pierre Deffontaines, Saint-Laurent-les-Bains (Ardèche), Ubac, 1954.
5 – Joyeuse (Ardèche)

2

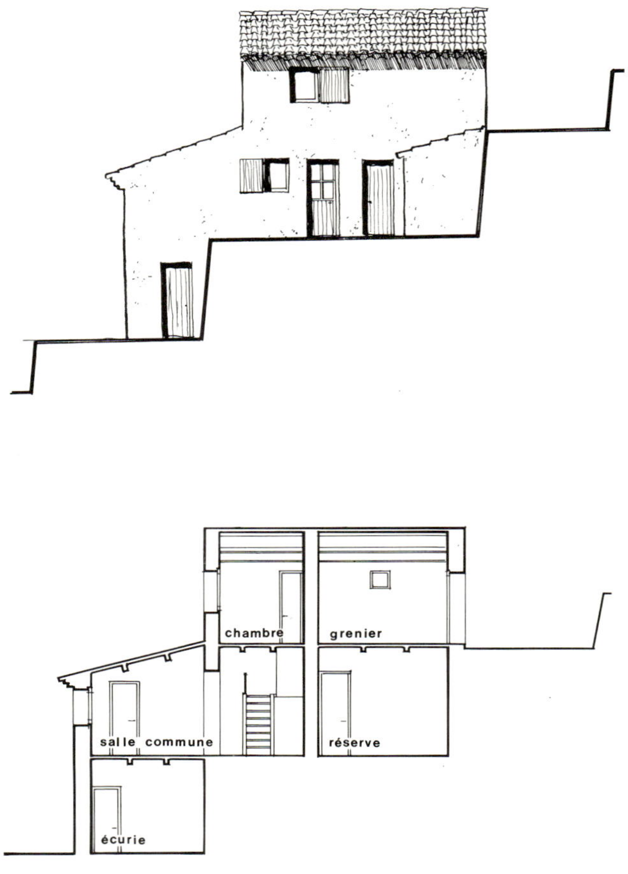

3

4

L'habitat

Avec le souci permanent d'économie d'espace et de moyen, l'habitat traditionnel s'implante de manière à satisfaire aux conditions minimum de confort et d'hygiène (ensoleillement, salubrité), à disposer d'un point d'eau à proximité, à ne pas empiéter sur l'espace productif en utilisant plutôt le ressaut de terrain, l'affleurement rocheux.

Dans ces conditions, l'habitat développé sur un site de terrasses relève de dispositions particulières. Il s'appuie généralement sur plusieurs terrasses, chaque niveau étant accessible de plain-pied. Le cas le plus courant superpose trois niveaux dans une recherche de confort climatique maximum. Le niveau inférieur, accessible par la terrasse la plus basse, est réservé aux animaux. Le niveau intermédiaire abrite le logement de l'exploitant ; la terrasse qui y accède prolonge la pièce commune d'une aire extérieure ombragée et équipée pour la vie estivale. Le niveau supérieur sert au stockage du grain, du fourrage, de la paille, et fonctionne comme un ancêtre de nos isolants thermiques. Il est directement accessible aux charrettes par une terrasse exposée aux vents, parfois aménagée en aire à dépiquer. Les parties semi-enterrées ou directement appuyées au terrain bénéficient d'une régulation thermique et hygrométrique qui en font d'excellentes caves et réserves.

La maison est bâtie sur le rocher avec des matériaux issus du sol, comme les murets des terrasses dont elle prolonge les lignes. Les pierres, hourdées d'un mortier de terre faiblement dosé de chaux, sont le plus souvent recouvertes d'un enduit qui les protège. Ce qui était considéré comme un raffinement de façade distingue ainsi l'habitat humain des ouvrages agraires.

Dans l'habitat dispersé, l'allongement du volume dans le sens de la pente multipliera les niveaux d'accès direct. Cette disposition est la plus fréquente, contrairement à l'idée reçue selon laquelle le volume s'étire le long des courbes de niveau.

Dans l'habitat groupé, les volumes très simplifiés s'alignent par mitoyenneté le long des voies étroites et pentues qui irriguent les différents niveaux de l'agglomération. Ces voies sont reliées transversalement par un réseau de ruelles en escaliers ou en pas-d'âne, ménageant dans leur profil les exutoires des eaux de surface. Les maisons sont implantées sur des parcelles de dimensions réduites et comptent souvent plus de trois niveaux accessibles par l'amont ou par l'aval suivant leur implantation dans la trame des chemins. L'étagement des volumes sur la pente autorise une forte densité du bâti et une grande hauteur des maisons, tout en ménageant à chacune un ensoleillement et des vues satisfaisants.

La relation du bâti groupé avec son site de terrasses diffère suivant son implantation. Dans un cas, l'habitat situé au sommet d'un relief domine le site de terrasses dont les plus proches, en contrebas des premières maisons, accueillent les potagers qui profitent des points d'eau du village pour l'irrigation, et de la proximité pour les travaux quotidiens et la surveillance. Cette disposition, fréquente en Provence lorsque les villages ont conservé leur implantation médiévale, se rencontre aussi dans les Cévennes calcaires et en Corse. Dans les Cévennes schisteuses, la disposition inverse est plus répandue : le village au pied du versant est dominé par les terrasses. Les potagers s'étagent sur les premières en amont, irriguées par les sources et par les cours d'eau beaucoup plus fréquents dans cette région. Ce sera aussi la disposition des petites villes de fond de vallée, d'origine romaine. Une disposition intermédiaire s'observe fréquemment dans les hameaux des Cévennes schisteuses, implantés à mi-pente des sites défrichés et aménagés en escaliers. Les terrasses immédiatement inférieures y sont réservées aux potagers. En contrebas se trouvent les prés, les vergers, la vigne, et en amont, les terrasses cultivées en céréales ou en fourrage. Les parcelles les plus éloignées accueillent la châtaigneraie et les parcours.

Dans tous les cas, la densité d'aménagement suit une échelle décroissante depuis le centre bâti jusqu'aux zones éloignées. Cela se traduit, sur le plan paysager, par une image qui passe progressivement du plus minéral – le village – au plus végétal – la forêt – par les stades intermédiaires : du potager (très construit), du verger (un peu moins construit), aux champs aménagés (constructions réduites) et aux pâturages (simplement épierrés). C'est une caractéristique intéressante qu'il serait heureux d'intégrer dans les aménagements nouveaux, les extensions urbaines et les quartiers en devenir.

5

1 – Félix Benoist, Saint-Jeannet (Alpes-Maritimes), 1863.
2 – Extrait du Giornalo Agrario Toscano *de Cosimo Ridolfi, 1832.*

1

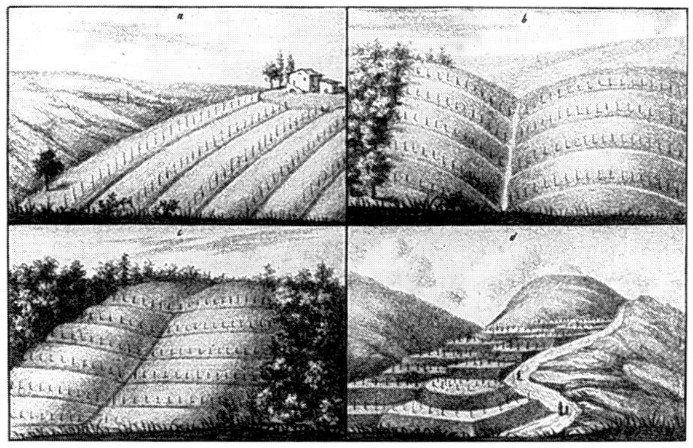
2

2

Histoire et représentation

Du « beau paysage » à l'amnésie

Si l'étude des textes anciens nous fournit des informations sur l'histoire des sites en terrasses, leurs représentations dans les peintures, plans, gravures, dessins, puis photographies révèlent ou confirment la réalité, à leur époque, de ces aménagements. Elles apportent également des compléments de connaissances sur les systèmes agraires en place. Surtout, ces représentations expriment, mieux que les écrits, la sensibilité et les valeurs culturelles et esthétiques de leurs auteurs, mais aussi de ceux qui regardaient leurs œuvres. Tableaux et clichés de paysage sont des révélateurs de la relation d'une société avec le monde rural et la nature. Pour ces raisons, c'est par l'entrée visuelle, plutôt que littéraire, qu'est abordée l'histoire des paysages de terrasses.

Évolution de la représentation de la ville de Privas

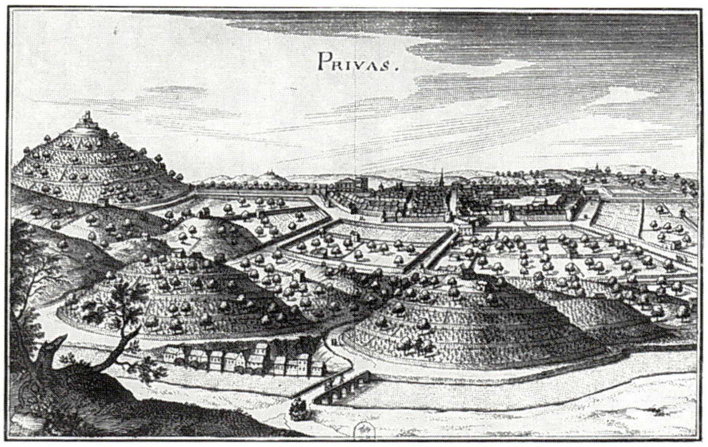

L'imposante peinture exposée dans la salle du conseil de la mairie de Privas (Ardèche) représente Louis XIII et Richelieu lors du siège de cette ville en 1629. C'est la copie d'une œuvre commandée par ce dernier en 1640 au peintre Nicolas Prévost pour orner la galerie du château de Richelieu en Indre-et-Loire. Après avoir été exposé en 1806 au musée des monuments français, l'original fut racheté à un collectionneur privé par Louis-Philippe pour orner une des salles de l'aile Nord du château de Versailles. Décroché sans doute dans les années 1910, ce tableau se trouve de nos jours dans les réserves du musée. Pour réaliser son travail, le peintre a visiblement utilisé le plan militaire dessiné au moment du siège par le graveur Abraham Bosse à qui l'importance stratégique des terrasses n'avait pas échappé. Leur force dans le paysage est confirmée quelques années plus tard en 1664 quand le géographe Tassin publie « Les Plans et Profils de toutes les principalles villes et lieux considérables de France ». Une planche qui sera maintes fois reproduite, modifiée, colorée, présente la ville de Privas et les collines qui l'entourent. L'aménagement en terrasses a du impressionner l'artiste pour qu'il en fasse un élément à ce point marquant de sa gravure. Ce même dessin sera encore repris au début du XIXe siècle dans l'ouvrage « La France Pittoresque » par le graveur Dévéria qui simplifie la représentation des terrasses et incorpore des éléments pittoresques qui vont devenir dominants dans les gravures réalisées plus tard par d'autres artistes, au point d'en effacer totalement les terrasses. Elles réapparaissent avec les cartes postales du début du XXe siècle. Elles existent encore de nos jours, souvent abandonnées mais pourtant bien visibles dans le paysage ; elles n'ont pas à notre connaissance inspiré de façon significative des peintres contemporains. Qu'en sera-t-il au XXIe siècle ?

A quand remontent les terrasses ou « avant l'image »

« La terre cultivée par dessus les rochers, est faicte en manière d'eschelons, qui monstre la diligence des juifs du temps passé en accoustrant les terres (...). La mesme diligence de cultiver les montaignes pierreuses est aussi veue au pays de Grèce es isles de la mer Egée, entre lesquelles en avons veu plusieurs maintenant déshabitées, où à peine peuvent estre nourriz cent hommes, qui en nourrissaient le temps passé plus de six mille, comme il appert par les collines et petites montaignes qui ont autrefois esté massonez de grosse estoffe à eschelons pour retenir la terre qui pendoit en contre bas, pour faire naistre les plantes... »

P. Belon du Mans, 1553 (1)

Une question difficile

« De quand datent les terrasses ? » La question semble banale, mais il est très difficile d'y répondre.

La grande diffusion géographique de ces aménagements, la multiplicité des formes observées et des évolutions subies rendent la datation des terrasses particulièrement complexe. La technique de construction en pierre sèche, largement antérieure à l'ère chrétienne, fut mise en œuvre dans des constructions néolithiques, à l'âge de la pierre polie, entre 6 000 et 2 500 avant J.-C. Mais cette technique qui n'utilise que des matériaux bruts et ne nécessite pas d'outillage particulier, n'a pas évolué. Si l'on peut dater les traces d'une occupation humaine (tessons de tuiles ou de poteries, bois brûlé datable...), rien ne permet par contre de préciser, pour ce qui concerne les vestiges de pierres sèches, s'il s'agit d'une construction ex nihilo, d'une restauration ou du remaniement d'un édifice antérieur. Le site de Jastre en Ardèche, illustre parfaitement ces fréquents détournements d'usage. Des fouilles méthodiques de ce site antique de la région d'Aubenas ont conduit à la conclusion qu'il pourrait s'agir d'un site protohistorique dont le système défensif a été entièrement reconstruit au 1er siècle avant J.-C. Mais de nombreux murets de soutènement à vocation agricole se sont surajoutés à une époque beaucoup plus récente, probablement fin XVIIIe ou début XIXe. « Les structures antiques préexistantes n'ont favorisé qu'en partie les aménagements agricoles (ainsi, le rempart arasé a-t-il servi de base à un long pierrier). Les défricheurs d'alors n'ont guère respecté les constructions ou les structures déjà établies » (2).

Une tour du rempart devint même un habitat temporaire, agricole ou pastoral (3). On ne peut certes pas en conclure que l'usage agricole du site remonte au 1er siècle avant J.-C.

Des terrasses antiques

Des *comptes rendus* de fouilles font état de murs de terrasses et apportent quelques indications sans constituer des preuves formelles :

– En Palestine, des auteurs mentionnent des terrasses agricoles datées de l'époque du « Premier Temple », soit 700 à 800 avant J.-C. (4).

– En Grèce, certains textes, d'Hérodote en particulier, laisseraient penser que les terrasses n'étaient pas inconnues au IVe siècle avant J.-C. (5), bien que, selon Roger Livet, les langues grecque et latine ne possèdent pas de mot pour désigner ce qu'aujourd'hui nous appelons terrasse de culture (6).

– Les flancs d'un antique castellum du Var ont révélé des vestiges de fonds de cabanes, en liaison avec d'anciennes terrasses (7).

– En avant de l'oppidum gréco-ligure de Saint-Blaise (Bouches-du-Rhône), « s'étage une série de terrasses remblayées avec d'épais murs de soutènement (...) des sondages montrent que certaines d'entre elles contiennent des dépotoirs d'époque paléo-chrétienne » (8).

– A Saint-Maximin la Sainte-Baume (Var) a été signalée une énorme jarre gallo-romaine enfoncée dans le sol d'une terrasse abandonnée (9).

Au début du Ve siècle, avec la décadence de la civilisation gallo-romaine, et les vagues de peuplement « barbare », notre histoire entre dans une période mal connue. L'état de la population rurale, peu nombreuse et soumise à une sous-alimentation permanente, la présence menaçante de bandes de brigands dans les campagnes ne pouvaient assurer une force de travail suffisante, ni la sécurité nécessaire à la création ou même au maintien de grands aménagements de versants. La pression démographique faible ne les imposait d'ailleurs pas. Ce long abandon efface en grande partie les traces qui auraient pu prouver l'existence de terrasses en Gaule sous la domination romaine.

Des terrasses médiévales, l'hypothèse arabe

A partir du Xe siècle, la démographie connaît globalement un nouvel essor, il faut de nouvelles terres pour nourrir la population. Les communautés rurales s'organisent et entreprennent les grands défrichements du Moyen-Age qui laisseront, par leur importance, des empreintes profondes dans le paysage. De cette époque datent les plus anciens toponymes relevés en Ardèche comme indiquant des sites probablement déjà aménagés (10).

En Catalogne, des terrasses sont cadastrées dès le XIe-siècle, mais les textes restent généralement muets en ce qui concerne les travaux d'aménagement du territoire et c'est par déduction que de nombreux auteurs situent cette époque comme la première grande période de construction des terrasses.

En observant la similitude des systèmes de terrasses irriguées à Majorque avec ceux rencontrés en Arabie du Sud, notamment au Yemen, des archéologues médiévistes (11) émettent l'hypothèse que ces aménagements reflètent un savoir technique importé dans l'île à l'époque musulmane, du fait de l'insertion de l'archipel baléare dans l'aire de civilisation islamique au Moyen-Age. Le monde musulman médiéval a réalisé une véritable « révolution agricole » dont les principes ont été retrouvés dans des traités d'agronomie andalous des XIe et XIIe siècles. Les techniques hydrauliques sont assez simples dans leurs méthodes, mais très raffinées dans leur caractère méticuleux et jardiné. Les systèmes mis en place autorisent l'extension d'espèces végétales utiles, extrêmement diversifiées (riz, sorgho, blé dur, canne à sucre, coton, aubergines, pastèques, artichauts, henné, indigo, safran...).

Parallèlement, dès cette époque, se produit une transformation des pratiques agraires et de la répartition des cultures dans l'année. Alors que l'agriculture méditerranéenne traditionnelle, laisse la terre improductive pendant l'été et pratique la jachère bi-annuelle, la plupart des espèces nouvelles, exigeantes en chaleur et en eau, peuvent occuper le sol l'été à condition d'être suffisamment irriguées. Les paysans de ces régions, grâce aux pratiques minutieuses et répétées décrites par les agronomes andalous, utilisèrent la terre de façon beaucoup plus intensive. La présence relativement fréquente de conduites souterraines dans les aménagements hydrauliques de certains villages de Majorque serait, pour les spécialistes, l'élément décisif démontrant l'influence arabe dans la construction de ces paysages.

En France, on a retrouvé dans les archives concernant l'abbaye de Saint-Guilhem dans l'Hérault (12) l'indication de nombreux moulins à eau ou à paissière qui ont pu être localisés. La présence de ces moulins atteste une grande maîtrise technique de l'hydraulique et la présence d'une communauté monastique importante. Le contexte de développement démographique conduit les moines, détenteurs de techniques d'aménagement, à développer une économie active dans un marché assez ouvert. Ces conditions s'avèrent nécessaires mais pas obligatoirement suffisantes pour aménager en terrasses des versants entiers. Pourtant, on imagine mal dans cette situation quel autre système aurait pu permettre un tel développement agricole. Cet aménagement global remonterait à une période comprise entre le VIIe et le XIe siècle. Il serait intéressant de rechercher s'il y a eu également une influence arabe sur la construction des terrasses dans le Languedoc et les Cévennes.

De son côté, le géographe Jean Vaudour cite des terrasses enforestées depuis le XVIe siècle, dans des villages du Var et des Bouches-du-Rhône, ainsi que dans des communes restées abandonnées après la grande peste du XIVe. Tous les recensements postérieurs de ces villages confirment que la densité de population n'a jamais plus atteint un niveau suffisant pour imposer aux habitants, trop peu nombreux, la construction des murets qui existent encore jusque dans les quartiers les plus reculés de ces communes. Le Moyen Age central aurait bien été une période de construction de terrasses dans certaines régions françaises.

Une réponse nuancée

Le système de terrasses a-t-il été introduit par les Romains ou par les Arabes, à partir d'une origine antique moyen-orientale, ou est-il une réponse identique trouvée par des sociétés différentes, mais confrontées aux mêmes problèmes, comme le laisserait supposer la similitude des aménagements dans des régions aussi lointaines que le Népal ou les Andes chiliennes ? Cette dernière hypothèse expliquerait par ailleurs la grande diversité des termes employés d'une micro-région à une autre pour désigner les terrasses (voir glossaire). Les terrasses défient les historiens contemporains ; ils se gardent d'un rajeunissement systématique mais restent surtout très prudents face au lyrisme de certains auteurs à propos des « terrasses immémoriales » et des « antiques escaliers de géants ». Dans des secteurs isolés d'accès difficile, les aménagements pourraient être antérieurs au XVIe, mais ceux qui marquent le paysage d'aujourd'hui ne datent bien souvent que des XVIIIe et XIXe siècles.

(1) BELON du MANS (P.) – *Les observations de plusieurs singularités et choses mémorables trouvées en Grèce, Asie, Judée, Égypte, Arabie et autres pays estranges, rédigées en trois livres*, 1553. F° 140 ; cité par BLANCHEMANCHE (P.), *op. cit.*

(2) LEFEBVRE (C.) – *Rapport de fouilles*, 1980, cité par ROUVIÈRE (M.) *Les aménagements agricoles sub-actuels en pierres sèches sur l'oppidum de Jastre-Nord*, 1983, p. 101.

(3) ROUVIÈRE (M.) – *op. cit.*, p. 105.

(4) EDELSTEIN (G.), GAT (Y.) et GIBSON (S.) – *Production agricole et conservation de l'eau autour de Jérusalem*, 1983.

(5) GENRE (C.) – *Les alluvionnements historiques en Eubée – Grèce*, 1988, p. 251.

(6) LIVET (R.) – *Atlas géographique de Provence*, Côte-d'Azur, Corse, 1987, p. 30.

(7) SAGLIETTO – *Le Mas, oppidum ligure du Ve au 1er siècle avant J.-C., 1928.*

(8) ROLLAND (H.) – *Compte rendu de fouilles de l'oppidum celto-ligure de Saint-Blaise.*

(9) PRAVE (R.) – *Saint-Maximin la Sainte-Baume – Évolution d'une bourgade rurale*, 1952.

(10) CARLAT (M.) – *Aux sources de l'architecture rurale vivaroise*, 1986.

(11) BAZZANA (A.) et allii, *op. cit.*

(12) DURAND (A.) – *Apport des sources historiques du Moyen Age Central à l'histoire des travertins du Midi de la France (900 - vers 1215)*, 1988.

Ci-dessus et page suivante : Domenico Veneziano, l'Adoration des Mages, vers 1450.

Peinture :
de la Renaissance italienne...

« Les pentes douces de ces collines se succédaient en descendant vers la plaine comme on voit dans les théâtres les gradins s'ordonner du haut jusqu'en bas ».
Boccace, *le Décaméron*, XIIIe

Les premières peintures représentant des paysages de terrasses datent de la fin du Moyen-Age, quand les peintres italiens de la période communale, préparant le grand courant de la Renaissance, commencent à peindre des scènes religieuses avec en second plan des paysages organisés par l'homme, où la nature n'est plus hostile mais, bien au contraire, maîtrisée et dispensatrice de richesses et de plaisirs. Progressivement, s'amenuisent les influences de l'art byzantin dans lequel les paysages pastoraux s'agrémentaient de motifs élégants mais figés. Sur les gradins rocheux et inhospitaliers des montagnes, vont apparaître des arbres plantés par l'homme, tout d'abord sur des replats préexistants, puis bientôt sur des banquettes et terrasses aménagées. La représentation du vignoble connaît une évolution similaire, les rangs de vigne s'alignent perpendiculairement au sens de la pente, comme le prescrivait dès le XIIIe siècle Pietro de Crescenzi, grand agronome italien du Moyen-Age, conscient déjà du danger d'érosion lié aux défrichements systématiques. Les artistes vont s'attacher à mettre en valeur des formes paysagères d'avenir bien qu'encore marginales, et ne correspondant pas, loin s'en faut, à la réalité commune des campagnes marquées par les crises du XIVe siècle. La population, réduite peut-être de moitié par les guerres et la grande peste, avait perdu la capacité d'entretenir un territoire parfois déserté et en voie de retour à l'état « sauvage ».

Le mot de renaissance n'est donc pas trop fort en ce qui concerne le paysage, et ce n'est pas un hasard si des représentations remarquables proviennent de cette partie de l'Italie où convergeaient les plus grands artistes et hommes de science. Peintres, poètes, agronomes vont ensemble donner toute sa force à cette idée de beau paysage et en faire un des éléments fondamentaux de la culture toscane. Au XVe siècle, avec la perspective, découverte à laquelle ils participent, les peintres vont donner aux paysages une précision fondée sur une connaissance aiguë de la réalité. L'ensemble de l'organisation du territoire s'inscrit dans leurs œuvres, avec les ponts et chemins, les cours d'eau, les plaines cultivées, les collines marquées par l'érosion ou au contraire protégées par des murets. Ces peintures reflètent l'unité d'inspiration des artistes de cette époque, hommes de foi et de raison, capables d'assimiler le réel et l'imaginaire grâce à leur sensibilité et leur intelligence. Ils participent à l'élaboration d'une nouvelle conception de l'espace, où des règles de proportions simples d'agencement des éléments entre eux conduisent à la « proportion divine », paysages en résonance profonde avec l'harmonie et l'humanisme qui se dégagent des visages des personnages.

Mais le paysage rural italien allait subir une dégradation progressive à la fin de la Renaissance. Lors de la contre-réforme marquée par le retour du féodalisme, les peintres désapprennent l'observation précise et enthousiaste des campagnes où s'impriment les traces des activités humaines. A l'époque baroque, puis romantique, ils idéalisèrent une nature classique, champêtre ou sauvage pour laquelle la représentation des aménagements agricoles était sans objet. Au XIXe siècle, période plus riche en peinture de paysages, les terrasses ne sont que très rarement représentées même dans les gravures de caractère plus géographique. Le pittoresque omniprésent recouvre de ses scènes bucoliques tous les paysages, et voile le regard des artistes qui ne nous apportent plus d'informations sur les terrasses ; elles semblent les gêner au point qu'ils les effacent de leurs tableaux.

Il faut attendre les années 1860 pour que les macchiaioli, peintres italiens proches des impressionnistes, observent de nouveau les paysages de terrasses alors à leur apogée. Un des chefs de file de cette école : Telemaco Signorini trouvera son inspiration dans la région de Cinqueterre près de La Spezia dont nous reparlerons plus loin. Au XXe siècle, la vision portée sur les terrasses par les peintres paysagistes restera empreinte de nostalgie comme si elle tentait de représenter une époque révolue. Pourtant, l'évolution actuelle des paysages pose des problèmes de modernité et d'identité. Les artistes devraient participer avec toute la passion, l'élan et la fraîcheur de ceux de la Renaissance à la recherche de solutions contemporaines car l'aménagement du territoire purement fonctionnel, sans la moindre utopie, rencontre de nos jours ses limites sur le plan même de l'efficacité.

D'une certaine façon et dans un contexte tout à fait différent, c'est cette énergie que nous allons retrouver dans la représentation des paysages par les peintres paysans de la révolution culturelle en Chine Populaire.

Pour en savoir plus :

CARLI (E.) – *Le paysage dans l'art*, 1980.
SERENI (E.) – *Histoire du paysage rural italien*, 1965.

1

... à la révolution culturelle chinoise

Un paysage symbole

Les régions montagneuses en Chine occupent plus de la moitié du territoire. Terrasses irriguées pour le thé ou le riz dans le Sud, terrasses sèches plus au Nord, marquent profondément le paysage de ce pays. Depuis la révolution de 1949, leur construction a été un enjeu politique et économique constant. Pour nourrir une population en augmentation rapide et essentiellement rurale, accroître la production agricole est une nécessité vitale. En 1964, le président Mao Tsé Toung donne comme exemple à toute la Chine, la commune populaire de Tatchaï. Pour s'auto-suffire en produits alimentaires, ses membres remodèlent totalement le territoire, comblant les ravins avec la terre apportée des collines, constituant tout un système de terrasses et d'ouvrages hydrauliques, grâce à un travail collectif intense, en grande partie manuel. Ce modèle fut largement repris lors de la révolution culturelle. Chaque commune populaire devait chercher à imiter cet exemple et des régions entières se sont ainsi transformées.

Les représentations des terrasses de culture par les peintres élevèrent ces paysages au rang de symbole national. Peintures réalistes, elles devaient donner une idée assez précise des nouvelles méthodes préconisées pour mettre en valeur les régions de collines ou de montagnes. Les artistes devaient exalter le travail collectif des paysans regroupés au sein de coopératives, pour faire prendre conscience à la paysannerie de son rôle et de sa force pour construire l'avenir. Le traitement et le thème même de ces peintures s'opposent aux représentations traditionnelles des paysages chinois d'inspiration taoïste dans lesquelles les artistes s'efforçaient de laisser s'exprimer le souffle de l'univers et de trouver le lien intime qui unit toute chose dans un principe universel d'harmonie. Avant 1949 dans les représentations artistiques. l'homme n'apparaît jamais qu'en très petit, il ne s'impose pas au monde, non plus que les marques de son travail. Le véritable artiste est un sage ; par la méditation il se libère des entraves qui bloquent la libre circulation de l'énergie du monde. Au contraire, les artistes de la révolution culturelle, peintres paysans, participent aux travaux des champs, aux luttes sociales et s'attachent à représenter d'une façon positive la nature dominée, maîtrisée par la paysannerie responsable de son destin.

L'application doctrinaire des directives a conduit à des difficultés innombrables car le nombre des facteurs à prendre en compte pour l'aménagement agricole d'un site en pente est tel qu'il ne peut y avoir un modèle imposé. Par ailleurs, le principe de demander à chaque commune populaire une auto-suffisance intégrale en céréales en a conduit un grand nombre à abandonner tout élevage, toute culture fruitière ou maraîchère, et à défricher inconsidérément des secteurs impropres à la culture quand le bois restait une matière rare. De nouveaux mots d'ordre ont été donnés à la suite de nombreux échecs, préconisant la diversification des productions, la replantation forestière de certaines terrasses et le développement d'un élevage familial, en somme une agriculture plus écologique. Quant aux peintres paysans, leur heure de gloire est momentanément passée, mais ils auront plus que dans toute autre région du monde porté un regard attentif aux paysages de terrasses.

2

1 – Groupe artistique de la commune populaire de Chintu : Printemps dans les montagnes du Chinling.
2 – Wang-Fu-Laï : Champs de coton dans les montagnes.

Les plans des géographes militaires

En France, ce sont les géographes militaires qui, au XVIe et XVIIe siècles, apporteront les plus belles contributions à l'histoire de la représentation des terrasses, grâce aux indications portées sur leurs cartes et dessins. De façon générale, les régions frontalières et celles où les guerres de religion furent les plus violentes, comme les Cévennes, possèdent de nombreux atlas. Le « Theatrum Sabaudiae », ouvrage publié en 1680 par l'imprimeur hollandais Blaeu, regroupe toute une série de gravures des principales places fortes et des lieux remarquables de Savoie. Plusieurs d'entre elles présentent des versants entiers recouverts de terrasses.

Ces documents recoupent d'autres informations selon lesquelles les terrasses, du fait d'une époque d'essor démographique à partir du XVIe siècle, prirent une place importante dans l'économie des campagnes méridionales. Selon les fluctuations de la population et l'alternance des périodes d'instabilité économique et sociale du XVIe au XVIIIe siècle, les terrasses font partie du paysage. Des contrats de prix-faits en attestent dans le Var (1620 à Barjols, 1685 à Comps, 1730 à Rians) (1), dans le Gard (1752 à Saint-André de Majencoules, 1754 à Valleraugue), en Lozère (1699 à Saint-Julien du Tournel) (2). Des inscriptions millésimées dans les Alpes-Maritimes (1614 à Utelle, 1665 à Villeneuve-d'Entraune) indiquent que la vigne y fut parfois plantée à plus de 1 000 mètres d'altitude (3).

De tels aménagements ne pouvaient échapper aux hommes chargés de cartographier le territoire. Ces géographes militaires, tels Jean de Beins, étaient aussi les premiers ingénieurs des Ponts et Chaussées. Ils jouèrent un rôle considérable dans la formation de l'idée du paysage.

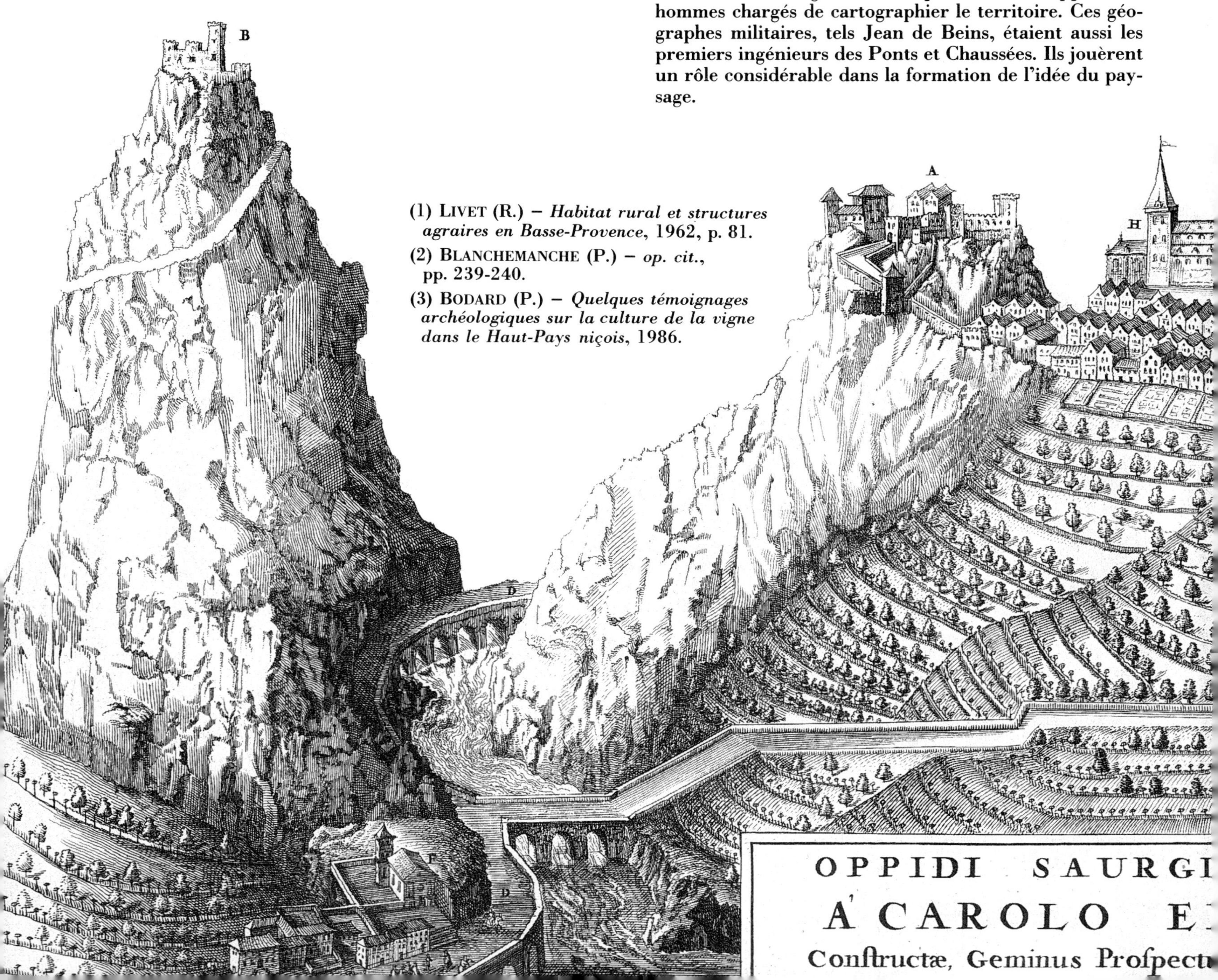

(1) LIVET (R.) – *Habitat rural et structures agraires en Basse-Provence*, 1962, p. 81.

(2) BLANCHEMANCHE (P.) – *op. cit.*, pp. 239-240.

(3) BODARD (P.) – *Quelques témoignages archéologiques sur la culture de la vigne dans le Haut-Pays niçois*, 1986.

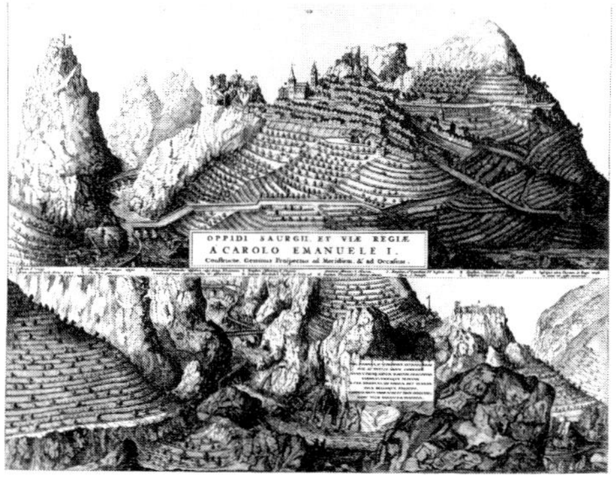
OPPIDI SAURGII ET VIÆ REGIÆ
A CAROLO EMANUELE I.

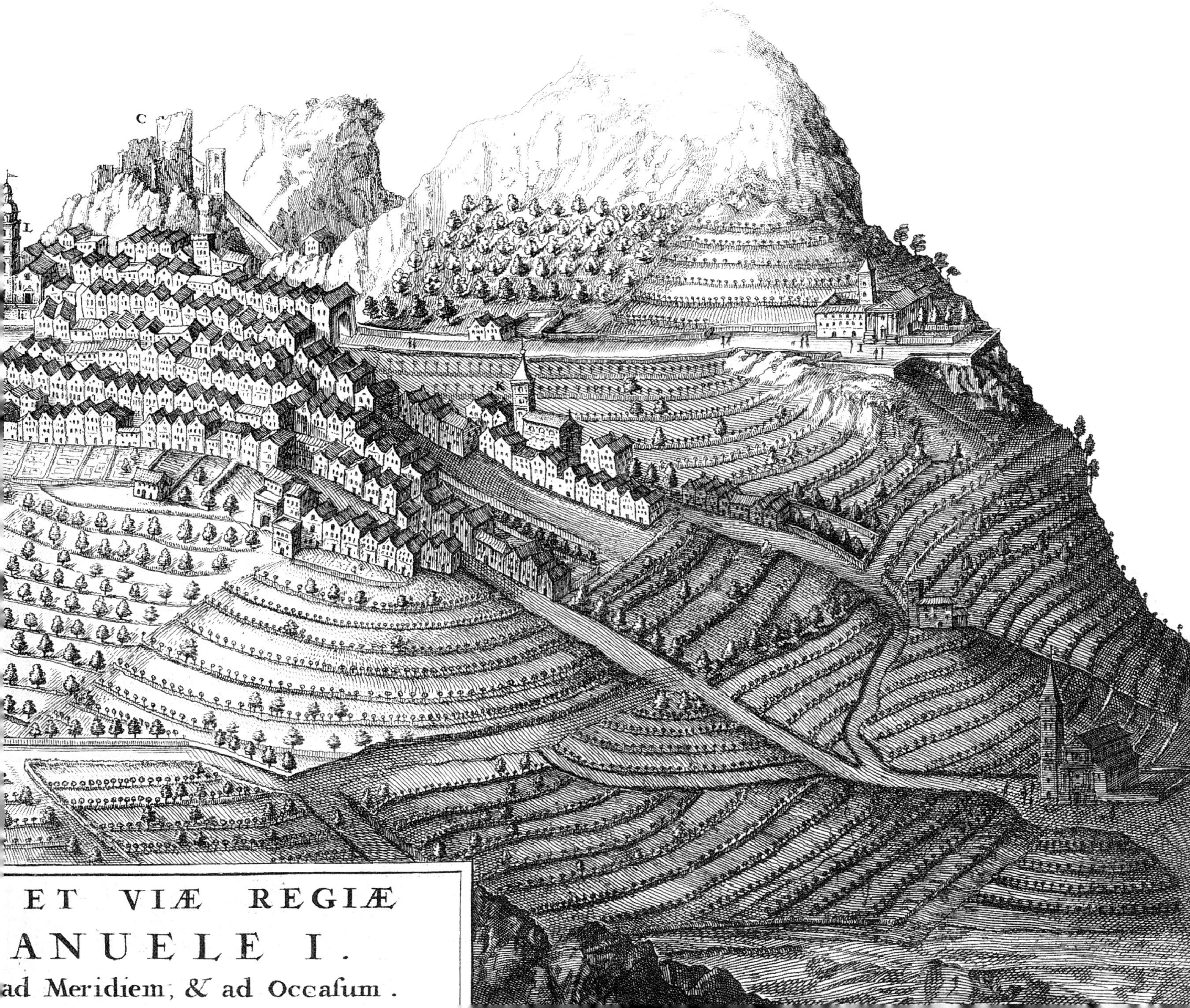
C
L
K
ET VIÆ REGIÆ
ANUELE I.
ad Meridiem, & ad Occasum .

Jean de Beins
un militaire-ingénieur géographe

Jean de Beins est né dans la cité de Paris, en 1577 sans doute, puisqu'il lui est attribué treize ans lors de son engagement dans l'armée au début de 1590. Il était issu d'une bonne famille, fils de Nicolas de Beins, demeurant rue de la Vieille-Draperie dans l'Ile de la Cité, vraisemblablement un marchand drapier ; celui-ci portait le titre envié de « bourgeois de Paris » qui entraînait la charge de porter les armes et de garder la ville. C'est auprès de « cet homme de bien et de bonne vie » et dans un Paris troublé que le futur ingénieur vécut ses premières années. A peine son père mort en septembre 1589, l'adolescent, déjà orphelin de mère semble-t-il, s'engage au service du Roi, en la Compagnie des Arquebusiers à cheval des gardes d'Entraygues. Sa carrière de soldat débuta devant Paris au siège de mai à septembre 1590 où il reçut sa première blessure. A toutes les occasions, il est trouvé « avoir été estimé tant par ses chefs que par ses compagnons pour beau et valeureux soldat ». En 1596 il se trouve en Roussillon puis en 1597 il participe brillamment à la campagne de Savoie contre le Duc de Savoie. La paix conclue à Vervins (1598), Jean de Beins s'adonna à l'étude, selon ses propres termes « il s'est estudié aux mathématiques et rendu capable de la science des fortifications et de la géographie ». Il devint alors « commis d'ingénieur et géographe du Roi aux fortifications, qu'on dressaient pour lors en Dauphiné ». On se formait ainsi, à l'époque, « sur le tas », en recevant dans le meilleur des cas quelques leçons particulières de mathématiques... Ingénieur et géographe, tels sont donc les deux aspects, qu'on ne saurait dissocier, de la charge qu'exercera jusqu'à la fin de sa vie J. de Beins. Il ressort nettement des brèves mentions qui nous renseignent sur sa carrière, que de Beins a mission expresse et directe d'informer le Roi et son Ministre non seulement des travaux de fortification qu'il dirige mais plus encore du visage géographique de cette importante province frontière. Henri IV et Sully considèrent, en effet, plans et cartes comme d'indispensables instruments de travail. Il s'agit de reconnaître les frontières du Royaume, aviser à leur défense, conduire les affaires de la guerre. Le Roi ordonne la confection des cartes. « Les longs discours n'étaient pas à son goût... Il aimait avec passion les cartes chorographiques (descriptives) et tout ce qui était des sciences mathématiques ». Sully n'a nulle peine à accepter cette méthode de gouvernement, car il est, comme le Roi, un visuel passionné par la géographie et les cartes. Des cartes dont la qualité appelle toujours l'admiration vont couvrir bientôt l'ensemble du pays.

L'objectif de ces plans était avant tout militaire, la représentation des forteresses, des routes, chemins et cours d'eau y tiendra naturellement une place prépondérante, mais les principaux éléments du relief et de l'occupation du sol utiles pour l'art de la guerre y sont également représentés ou symbolisés. Ils apportent ainsi des éléments d'informations passionnants sur l'organisation du territoire et l'agriculture de cette époque. La couverture végétale est traitée en perspective : les bois sont marqués par des silhouettes d'arbres couvrant leur étendue, le vignoble par des S autour d'un échalas, les marais par des vétilles évoquant les touffes de joncs.

Les terrasses apparaissent clairement dans le « Paysage dudict Exilles ». Ce très beau dessin à la plume, où s'affirme le talent de de Beins, figure avec exactitude le site d'Exilles en Savoie tel qu'il paraît au voyageur venu de France. Au centre, un solide verrou plus long que large porte sur son penchant le village d'Exilles (devenu

1
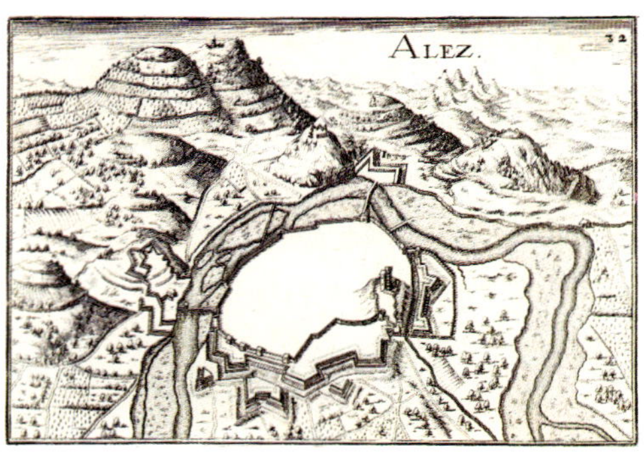

2

3
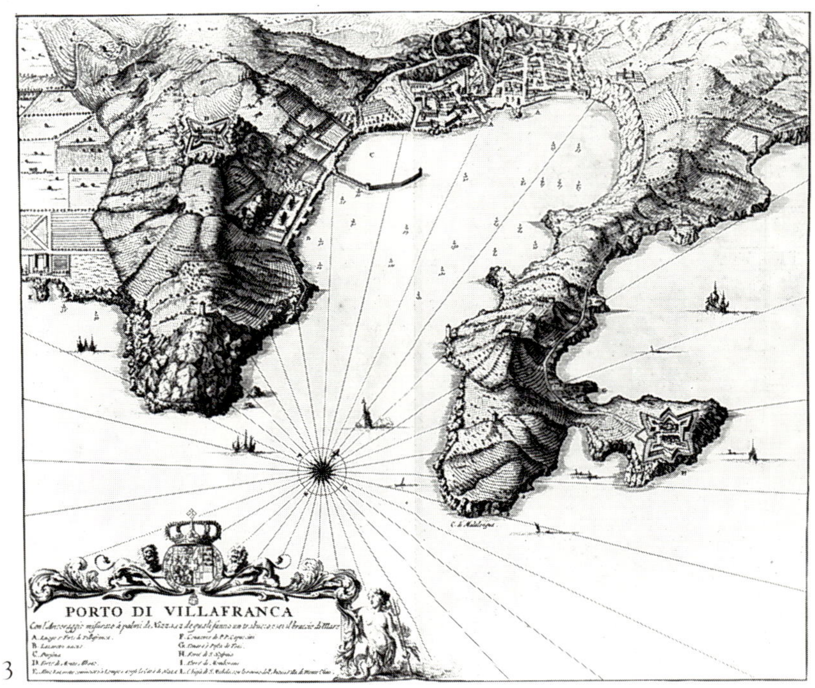

Double page précédente :
Saorge, Theatrum Sabaudiae, 1680.

1 – Tassin, Ales, 1664.
2 – Tassin, Anduze, 1664.
3 – Port de Villefranche, Theatrum Sabaudiae, 1630.
4 – Jean de Beins, Païsage dudict Exilles, Le Dauphiné et ses confins, 1609.

Pour en savoir plus :

DAINVILLE (F. de) – *Le Dauphiné et ses confins vus par l'ingénieur d'Henri IV, J. de Beins*, 1968.

depuis lors italien) et, au sommet de sa bosse centrale, le fort parachevé en 1595. Les Espagnols, qui l'avaient pris l'année précédente, le tenaient à bon droit pour la clef du Dauphiné. A son pied, à gauche, la Doire Ripaire s'enfouit dans une gorge étroite que domine à droite un « envers » boisé, partiellement défriché. Sur les premières pentes abruptes de la Cima del Vallone, la vigne accroche ses ceps plantés sur des terrasses. Le grand chemin qui va du Mont Genèvre à Suse et au-delà à Turin passe à un contrôle en bas de la citadelle. On aperçoit vers l'aval les clochers de Chaumont de Suze. Au fond, la barre de Rochemelon dresse au-dessus de la cuvette de Suze, une grandiose falaise de plus de 3 000 mètres.

4

1

Les plans en relief : les jouets du Prince

A partir de 1680, les guerres de Louis XIV et les lourds impôts qu'elles génèrent provoquent un reflux démographique d'une quarantaine d'années accompagné d'une phase d'abandon des terres. C'est pourtant à Louis XIV que nous devons notre plus belle découverte en matière de représentation des terrasses, dans les greniers du musée des plans en relief, à l'hôtel des Invalides.

Malgré l'invention de la perspective et les progrès réalisés par les cartographes depuis le XVIe siècle, la représentation d'un site continuait à poser de délicats problèmes. Avec la cartographie, il était difficile d'obtenir une idée du relief et dans les dessins ou gravures, le point de vue privilégié laissait dans l'ombre ce qui était caché par des obstacles naturels ou construits. C'est en 1668 que le marquis de Louvois proposa à Louis XIV de réaliser, pour l'ensemble des places fortes qui se multipliaient sous l'impulsion de Vauban, des maquettes extrêmement précises indiquant tout à la fois les citadelles, les bâtiments militaires, les habitations civiles et tout à l'entour le paysage agricole. Les rois qui allaient lui succéder, puis Napoléon Ier, continuèrent cette collection de prestige qu'ils ne manquaient pas de présenter à leurs hôtes de marque ; ceux-ci se déclaraient impressionnés par la qualité de ce travail. Une mine d'informations sur le paysage agricole nous a été ainsi léguée. Le plan en relief de Brest donne une image précise du bocage en 1810, celui de Perpignan confirme l'abondance des plantations d'alignement le long des routes qui convergeaient vers cette ville au XVIIIe siècle, celui de Saint-Omer présente toute l'organisation des polders. La réalisation de ces plans s'est poursuivie jusqu'au milieu du XIXe siècle, époque où les nouvelles conditions de l'art militaire l'ont rendues inutiles aux officiers généraux. En 1810 et 1811, deux des derniers plans réalisés, mais les plus beaux pour notre propos, furent ceux de la Spezia en Italie, près de Gênes, dans le Cinqueterre. Les maquettes s'étendent sur plusieurs m², représentant le port militaire, la forteresse avec la ville, et toutes les collines entièrement remodelées en terrasses par les paysans. L'organisation des chemins, des réseaux de drainage, des murets, y est inscrite avec une précision remarquable. La comparaison avec la situation actuelle est immédiatement possible.

Les plans en relief constituaient des jouets magnifiques sur lesquels les princes s'amusaient à faire évoluer des soldats de plomb. Leur réalisation imposait tout un travail préliminaire de relevés et de cartographie, en partie conservés dans les archives du musée. La première carte, sur laquelle apparaissent dessinées des courbes de niveau, serait justement une carte levée en 1810 pour la préparation du plan en relief de la Spezia. Cette ville, avec son empilement de terrasses, dont les murets s'ordonnent en une succession de lignes parallèles, serait à

2

3

4

l'origine de l'invention, par un géographe oublié, des courbes de niveau comme mode de représentation graphique du relief. Ce procédé déclencha une avancée considérable dans la cartographie. Il se généralisa très rapidement puisqu'on observe des courbes de niveau sur le plan d'Entrevaux réalisé en 1819. Pourtant, oubliant tout ce qu'ils devaient aux paysages de terrasses, les cartographes ont depuis cessé de représenter par un symbole caractéristique la présence de murets sur les nouvelles cartes, supprimant ainsi un élément important de connaissance de l'organisation agricole de nombreuses régions.

1-2-3-4 – Plan en relief de La Spezia, 1810-1811.
5 – Première carte avec des courbes de niveau, La Spezia, 1810.

5

Les agronomes et la société paysanne

« Je dois citer un simple ouvrier à cause de son génie actuel ; en construisant des rascasses non seulement il les appuyait sur le roc et prenait toutes les précautions que j'ai indiquées, mais il les cintrait du côté amont, dans l'idée qu'elles résisteraient mieux au courant et seraient plus durables que celles faites en ligne droite. Un mathématicien l'aurait démontré, un paysan cévenois l'imagina et l'exécuta. »
Baron L.A. d'Hombres Firmas, 1838

L'aménagement des versants constitue un projet collectif d'une société sur son espace, pourtant la mise en valeur de ces régions n'a jamais passionné les tenants de l'agronomie officielle, du XVIIe au XXe siècle. S'agissant d'éléments majeurs de l'agriculture de vastes régions de la France méridionale, on aurait pu penser que des agronomes naturalistes s'intéresseraient à ces paysages. Cependant, très rares sont ceux qui les ont étudiés, comme le baron L.A. d'Hombres Firmas, cultivateur dans le Gard et correspondant de l'Institut et de la Société Centrale d'Agriculture. Les grands agronomes français du XIXe siècle furent plus tournés vers le modèle de l'agriculture moderne anglaise. Il faut aller en Toscane à l'Académie d'Agriculture de Florence, pour trouver de nombreux ouvrages illustrés traitant de la manière de construire des terrasses.

Après la Renaissance, l'agriculture toscane avait subi une longue période de déclin puis, sous l'impulsion des grands propriétaires éclairés influencés par les physiocrates, un large débat s'est engagé au cours du XVIIIe siècle sur le type d'agriculture à développer dans cette région. Le précurseur fut Landeschi, qui conseillait de limiter l'érosion par la construction de murets et d'aménagements hydrauliques. Durant tout le XIXe siècle et le début du XXe siècle les ouvrages d'agronomes de premier plan comme Testaferrata, Ridolfi, Caruso, divulguèrent les techniques antiérosives les mieux adaptées à chaque situation. Ces enseignements étaient repris par les grands propriétaires ou leurs gérants chargés de diriger les travaux d'infrastructures nécessaires à un accroissement de la productivité des métayers. Progressivement appliquées, ces mesures donnèrent à la campagne toscane le visage qui faisait tout son charme il y a encore une vingtaine d'années, avant les transformations contemporaines de son paysage.

A la même époque, en France, les terrasses sont construites non par de grands seigneurs, mais par une multitude de petits propriétaires, éloignés du pouvoir, qui modèlent le pays sans projet paysager aussi explicite. Par leur caractère structuré, leur ingéniosité, ces aménagements qui s'étendent parfois sur d'immenses versants donnent à penser qu'ils ont fait l'objet d'une organisation collective des propriétaires ou tenanciers. Pourtant, il n'a jamais été trouvé de trace d'une quelconque organisation, alors que l'on connaît des textes traitant de tous les autres aspects de la vie rurale. Sur le terrain, on constate que les murs ne se prolongent pas sur le même alignement d'une parcelle à l'autre. A chaque limite, le décalage est très net, chacun déterminant les dimensions des terrasses selon ses propres critères et besoins.

Ceci ne signifie pourtant pas que le constructeur travaillait seul à la construction de ses murs ; outre la famille mise à contribution, il y avait, lorsque les finances le permettaient, le concours d'un spécialiste, « muraillaïre », et souvent aussi une entraide de la communauté. Celle-ci laissait au maître des lieux toute liberté dans ses aménagements. Seuls les réseaux d'irrigation devaient être réalisés en commun et nécessitaient une organisation très précise pour la distribution de l'eau. Cette extrême dispersion des décisions, associée à une remarquable connaissance empirique, ne pouvait que surprendre les quelques agronomes comme Chaptal ou Young, assez curieux et modestes pour venir jusque dans ces contrées reculées reconnaître qu'ils avaient beaucoup à apprendre de ces paysans.

A partir du XVIIe, puis au XVIIIe siècle, se développe en France, loin des terrasses, dans les cercles érudits, une réflexion sur l'aménagement du territoire et les améliorations à apporter à l'agriculture, en réaction aux blocages économiques et sociaux de la fin de l'Ancien Régime.

C'est de cette époque que datent les principaux écrits, bien après les premières expériences des précurseurs comme l'Ardéchois Olivier de Serres. Lors de la Révolution, de grands agronomes comme F. de Neufchâteau (devenu en l'an VII ministre de l'Agriculture, de l'Intérieur et des Arts) ont cherché à donner un grand essor

Caruso, Schémas d'aménagement en terrasses, extrait du Corso di agraria, *1898.*

Fig. 96. — Lavorazione del terreno a rittochino.

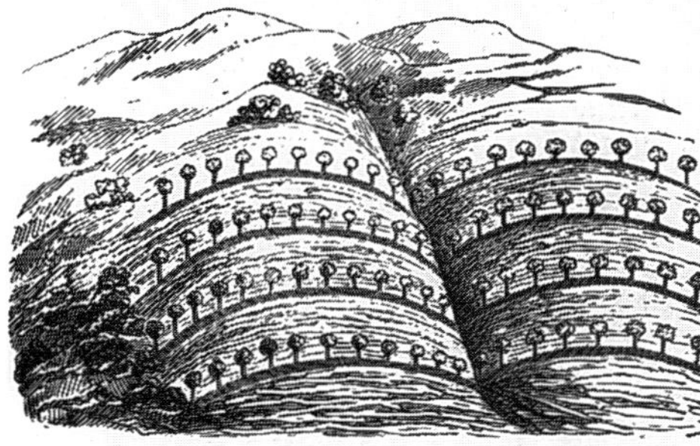

Fig. 97. — Lavorazione delle terre in direzione trasversale.

Fig. 98. — Lavorazione delle terre in direzione trasversale.

Fig. 99. — Riduzione del poggio a spina mediante le colmatelle di monte.

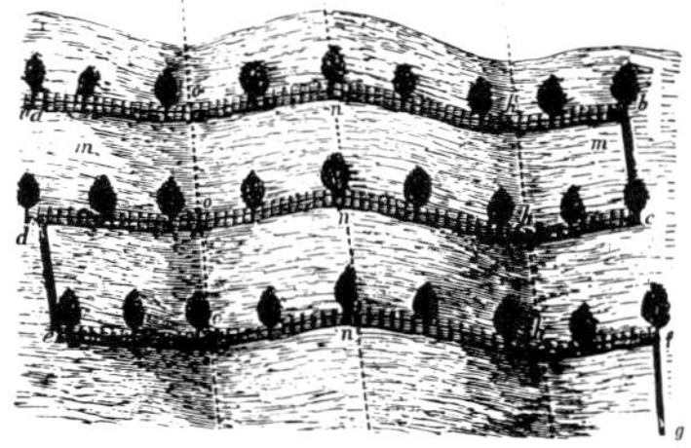

Fig. 100. — Sistemazione dello scolo a spina.

Fig. 101. — Sistema di ordinare lo scolo a serpeggiamento.

Fig. 102. — Disposizione del poggio a terrazze, pendenti a valle.

Fig. 103. — Disposizione del poggio a terrazze, pendenti a monte.

Fig. 104. — Disposizione del poggio ripido a terrazze con banchine.

Fig. 105. — Disposizione del terreno in poggio per lo scolo sotterraneo profondo e per lo scolo superficiale.

Fig. 106. — Riduzione graduale in terrazzi dei poggi con piante da frutto.

Fig. 107. — Disposizione del poggio ripido a ciglioni o mezzelune.

ARREST
DU PARLEMENT
TENANT LA CHAMBRE DES EAUX ET FORETS.

QUI fait inhibitions & défenses à toutes personnes, de quelque état & condition qu'elles soient, de défricher les lieux montueux & penchans, sans permission de la Cour, & sans observer les conditions qui leur seront prescrites par lesdites permissions, à peine d'être déchus des Privileges portés par la Déclaration du Roi du 12 avril 1767, & de trois mille livres d'amende.

Du 20 Novembre 1767.

Extrait des Registres du Parlement tenant la Chambre des Eaux & Forêts.

« ...ceux qui en entreprendront (des défrichements) en Provence dans des lieux montueux et penchans, seront tenus (...) de présenter requête à la Chambre des Eaux et Forêts pour en obtenir la permission, laquelle ne pourra leur être accordée qu'à la charge de faire une muraille ou rive plantée de buis, ou autres arbustes pour le soutien du terrein à chaque toise de pente... »

à la campagne française. De vastes politiques sont lancées, dont les éléments techniques sont la suppression de la jachère, l'installation de prairies artificielles, le développement de l'élevage et, grâce aux engrais, l'amélioration des rendements. Ce grand dessein, encouragé par l'administration, a entraîné de profondes transformations du paysage français et une augmentation considérable, au moins jusqu'au milieu du XIXe siècle, du nombre de paysans élevés au statut de petits propriétaires. La modernisation de l'agriculture était soutenue par un projet d'harmonie sociale fondé sur la propriété privée du sol, mais aussi par un véritable projet paysager à l'échelle du territoire, faisant place à toutes les diversités régionales. Une politique explicite d'incitation aux plantations de haies, aux enclosures, à l'empierrage, aux défrichements... transformait le territoire. Parallèlement, le pouvoir encourageait des actions d'embellissement du pays telles que les plantations d'arbres le long des routes et des canaux, la création de promenades dans les villes et les bourgs, la multiplication de pépinières d'arbres d'ornement et de jardins botaniques. Il fallut du temps, il y eut des résistances, notamment contre la disparition des terrains communaux, espaces refuges pour les petits paysans sans terre. Mais ce qui peut caractériser cette époque, c'est la convergence relative entre une nouvelle organisation économique et sociale et un projet paysager assez clairement défini dans lequel s'est finalement reconnu l'ensemble de la société. La littérature, la peinture, la musique ont largement contribué à réaliser cet accord et les résultats en sont ces paysages extrêment variés, diversifiés, sophistiqués qui ont donné à la France la réputation d'être le jardin de l'Europe. Malgré un exode rural qui n'a cessé de croître après 1850, le maintien d'une agriculture familiale, encore importante durant la première moitié du XXe siècle, a permis à ces paysages de rester bien réels jusqu'à nos jours.

Les régions de terrasses, elles, restèrent en marge de ce mouvement impulsé par le pouvoir, du fait de leur éloignement et de leur caractère autarcique. L'une des rares, sinon l'unique mention des terrasses dans un texte législatif ou réglementaire date du 12 avril 1767 quand Louis XV encouragea par déclaration « ceux qui défricheront les landes et terres incultes ». L'article VII de cette déclaration précise que devront être créés des soutènements en cas de défrichement sur les pentes. Ce texte, repris en novembre de la même année par le Parlement de Provence, puis 50 ans plus tard par la Préfecture des Bouches-du-Rhône, ne fut sans doute que peu appliqué si l'on en croit d'autres documents plus tardifs, très alarmistes quant à l'évolution des versants déboisés.

Les terrasses étaient, notamment dans les pays de montagne, le lieu d'une production vivrière. L'organisation agraire devait prémunir les collectivités contre les différents risques, en particulier météorologiques. La première précaution imposait la variété des cultures, souvent associées sur une même parcelle, comme sur les oullières. Il s'agissait de bandes labourées pour les cultures annuelles, alternées avec des rangées de vignes, d'oliviers, d'arbres fruitiers. Les céréales cultivées étaient aussi très variées : orge, avoine, seigle, épeautre, millet. Certaines variétés de froment, comme le blé « meunier », bien adaptées, donnaient un grain de grande qualité sur ces terrains secs. Les méteils, mélanges composés de proportions variables d'orge, de froment, de seigle ou d'avoine, procuraient une assurance encore supérieure.

Ces productions locales de céréales, de légumineuses, de maraîchage, d'arboriculture et les petits élevages intéressaient peu les responsables chargés de moderniser l'agriculture et d'industrialiser le pays. Selon les régions, la vente du vin, de l'huile d'olive ou de la soie constituait la principale rentrée d'argent. C'est grâce au ver à soie que des régions comme les Cévennes, puis la Provence, ont pu, un temps, s'intégrer au grand courant d'échanges de produits et de capitaux qui se mettait en place. Une vraie prospérité se bâtit sur la sériciculture. En 1850, la pébrine attaque le ver à soie. Pasteur parvient à trouver un remède en 1875, mais la reprise sera lente et contrariée par la concurrence étrangère, puis par celle des produits synthétiques. La sériciculture entraîne dans sa chute l'économie des Cévennes dont elle était le principal pilier. Les plantes aux productions rémunératrices, vignes, olivier, subissent toutes des calamités économiques et sanitaires plus ou moins brutales.

L'apport d'argent, nécessaire à l'intégration des communautés rurales dans un monde marchand, disparut, et il n'y eut pas de solutions de rechange. Bien au contraire, les progrès technologiques, en se concentrant sur les régions mécanisables provoquèrent un accroissement considérable des rendements responsables d'une chute des prix de vente de toutes les denrées. Pour compenser les pertes de revenus, il fallait toujours plus de terres, plus de travail ; la seconde moitié du XIXe siècle marque globalement la période d'expansion maximum des terrasses. Alors que débutait l'exode rural, les derniers défrichements concernèrent des sites qui auraient dû rester boisés et bien des pentes aujourd'hui stérilisées par l'érosion le sont consécutivement à leur mise en culture. Il n'en demeure pas moins que cette période a donné de magnifiques paysages construits. Ceux que nous pouvons encore admirer aujourd'hui sont le fruit du travail et du génie des hommes de cette époque.

Les deux dernières guerres marquèrent des accélérations dans un processus d'abandon des terrasses déjà bien entamé. Celle de 1914-18 fut une véritable hécatombe : 680 000 paysans ne ressortirent pas des tranchées et 500 000 autres en furent extraits trop estropiés pour pouvoir conduire à nouveau un attelage. Nombre de rescapés resteront à la ville. La seconde guerre mondiale représenta un tournant décisif pour l'agriculture. Beaucoup de vieux agriculteurs situent à cette période la fin des dernières terrasses cultivées. La concentration de l'agriculture, les orientations du développement agricole depuis les années 50-60 ont donné un coup fatal à l'exploitation des terres marginales.

Pour en savoir plus :

LANDI (R.) – *Sistemazioni collinari, 1980.*

LUGINBUHL (Y.) – *Écritures du Paysage, 1770, 1914*, 1989.

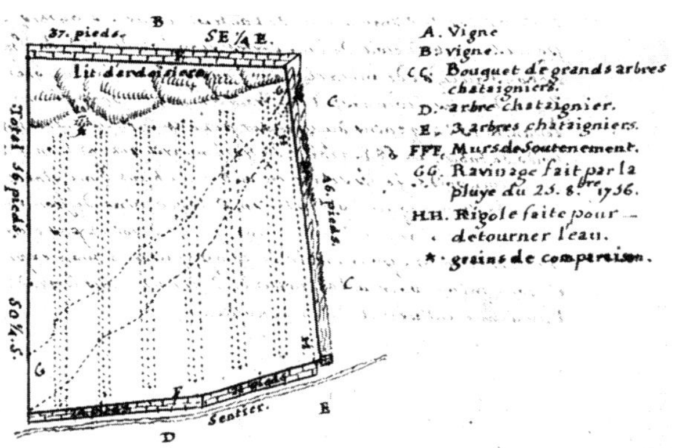

A partir de 1736, inspiré par les écrits de Jethro Tull, auteur anglais, sur la « nouvelle culture des terres », M. Mouret, agriculteur moderniste, entreprend des expérimentations sur les cultures de céréales à Saint-Jean-du-Bruel (Aveyron). Il nous a laissé des mémoires descriptifs détaillés, illustrés de plans.

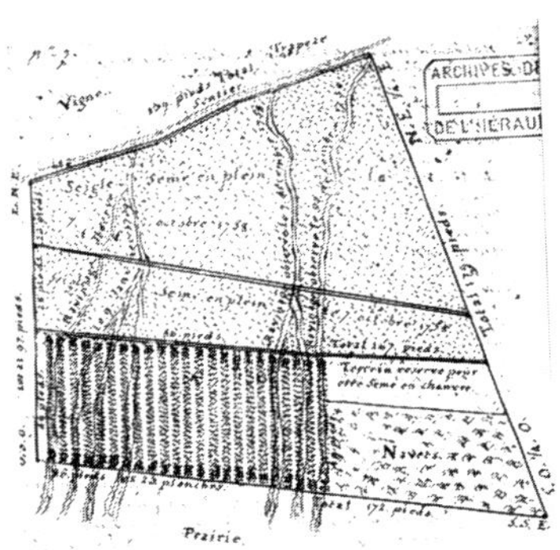

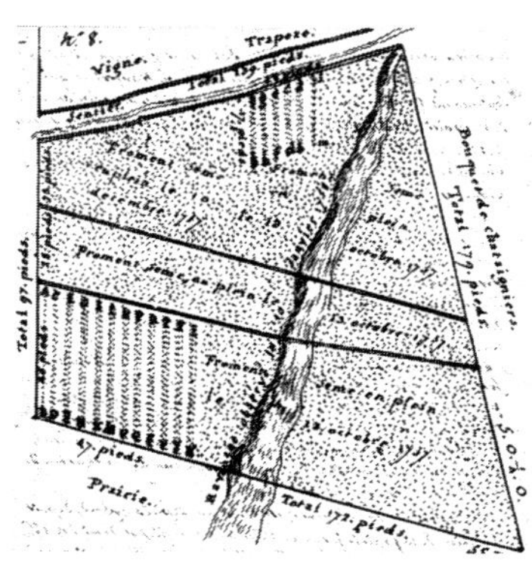

Bonnieux (Vaucluse)

La photographie
le non-vu révélateur

A partir de la fin du XIXe siècle, la photographie allait jouer un rôle important pour développer le goût des beaux paysages. Le tourisme commence à prendre son essor, des associations se créent comme le Touring Club de France, des villages se transforment en stations. Dans ce contexte, la photographie stimule le rêve et le désir de voyages. Les cartes postales, d'abord en noir et blanc, puis coloriées, participent largement à la définition des identités régionales. Chaque village est photographié dans son environnement agricole. A l'occasion des voyages, des vacances, les cartes postales s'échangent, apportant à l'autre bout du pays des images de régions inconnues. Le regard du photographe donnait tout d'un coup une valeur aux paysages quotidiens, alors même qu'ils commençaient à subir les conséquences de l'exode rural que la première guerre mondiale allait accélérer. Assez rapidement le regard des photographes sur les paysages de terrasses s'est détourné des régions françaises pour aller cueillir, dans des pays plus exotiques, des clichés souvent remarquables qu'ils ignoraient pouvoir réaliser si près. Images publicitaires ou touristiques de paysages à consommer.

Le plus souvent, la comparaison entre les vieilles photographies et le paysage actuel laisse apparaître, non seulement une transformation mais malheureusement aussi une véritable dégradation paysagère. Fermeture des points de vue, banalisation des espaces, disharmonie des constructions nouvelles, c'est bien l'image de l'échec d'une société rurale qui apparaît. Ainsi une forme paysagère, reflétant une civilisation agraire à son apogée il y a à peine un siècle, a en grande partie été gommée des représentations actuelles de notre territoire. Elle n'est plus considérée que comme un vestige, sauf dans quelques petites régions et autour d'exploitations où une agriculture a pu se maintenir. Ce phénomène s'est déroulé progressivement, apparemment dans une indifférence générale. De même que les grands traités d'agronomie des siècles passés avaient, en France, superbement ignoré ces régions, laissant aux sociétés agricoles locales le soin des expérimentations, des échecs, des succès, de même, jusqu'à présent, très peu de guides touristiques, d'illustrations, d'études ou de recherches menées pour résoudre les problèmes de l'agriculture de montagne prennent en compte cette réalité des versants en terras-

Promenez-vous dans les hautes terres et vous découvrirez un spectacle qui défie les lois de la gravité. De chaque colline, les Indonésiens ont fait une rizière.

Pendant la saison des plantations, les terrasses sont gorgées d'une eau claire où vient se refléter le ciel.

Et quand le riz a poussé, le vert est si intense qu'il vous éblouit.

Depuis 1000 ans, beaucoup de choses n'ont pas changé en Indonésie. Et pourtant, vous y découvrirez des hôtels qui peuvent rivaliser avec bien d'autres palaces dans le monde.

Garuda Indonesia
Nous sommes fiers de vous accueillir à bord.

ses, comme si elle avait totalement disparu. Il faut s'interroger : ce silence, cette absence de discours et d'images ne seraient-ils pas des non-dits ou des non-vus révélateurs ? Ceux qui ont quitté ces régions pour d'autres avenirs aux apparences plus faciles, n'ont-ils pas cherché à effacer ces images d'une société rurale archétypique dont ils ne voulaient plus voir que les aspects les plus négatifs, en ne se souvenant que de la misère lors de leur exode ? Le paysage actuel des terrasses en friche est le paysage de l'oubli, il se recouvre lentement d'un drap vert qui masque les murs, les différences de niveau, et gomme l'apparence même des banquettes. En fait, c'est toute la société, absorbée par sa recherche de modernité, qui est devenue incapable de voir ou de s'intéresser à une image lui donnant de son passé une vision qui lui est devenue complètement étrangère.

Mais quittons le domaine des interprétations ou des regrets pour examiner, à travers l'analyse qu'a pu en faire une équipe d'économistes, la réalité de l'agriculture contemporaine dans une région fortement marquée par les terrasses.

1

Les économistes : regard...

les paysages de terrasses de la moyenne vallée de l'Eyrieux et leur différenciation selon les situations géographiques et les types d'exploitations agricoles.

situations de haut de vallée, élevage extensif dominant

Le mouton et la châtaigne organisent le paysage. L'élevage extensif détermine deux types d'utilisation de l'espace : fauche et pâture. La fauche se concentre sur les surfaces les moins accidentées du versant (1er plan) ; parfois, elle s'effectue sur terrasses comme cela était encore le cas il y a quelques années sur la partie centrale du versant représenté. Ces terrasses offrent un meilleur état de conservation de par des pratiques spécifiques d'épierrage des murs écroulés, de destruction des ligneux parasites (ronces, arbustes...), de fertilisation. Les interventions de l'agriculteur se font à l'échelle de la parcelle (petites unités) et les espaces fauchés se découpent clairement dans le paysage de versant : les contours sont précis, la végétation est uniforme. Au contraire, le pâturage est un espace d'entretien minimal qui concerne de grandes unités de versant aux contours flous, à la végétation hétéroclite. L'homme intervient alors essentiellement pour poser des clôtures de protection (route, châtaigneraie, fauche, voisinage) ; au besoin, il utilise le feu pour « nettoyer » le versant du genêt et de la fougère, il n'entretient pas les murs des terrasses pâturées. La broussaille recouvre progressivement le versant ; ici, les terrasses de la portion centrale sont colonisées par leurs extrémités tandis que dans la partie supérieure du versant, des terrasses plus petites, sujettes à un abandon plus précoce, s'effacent du paysage.

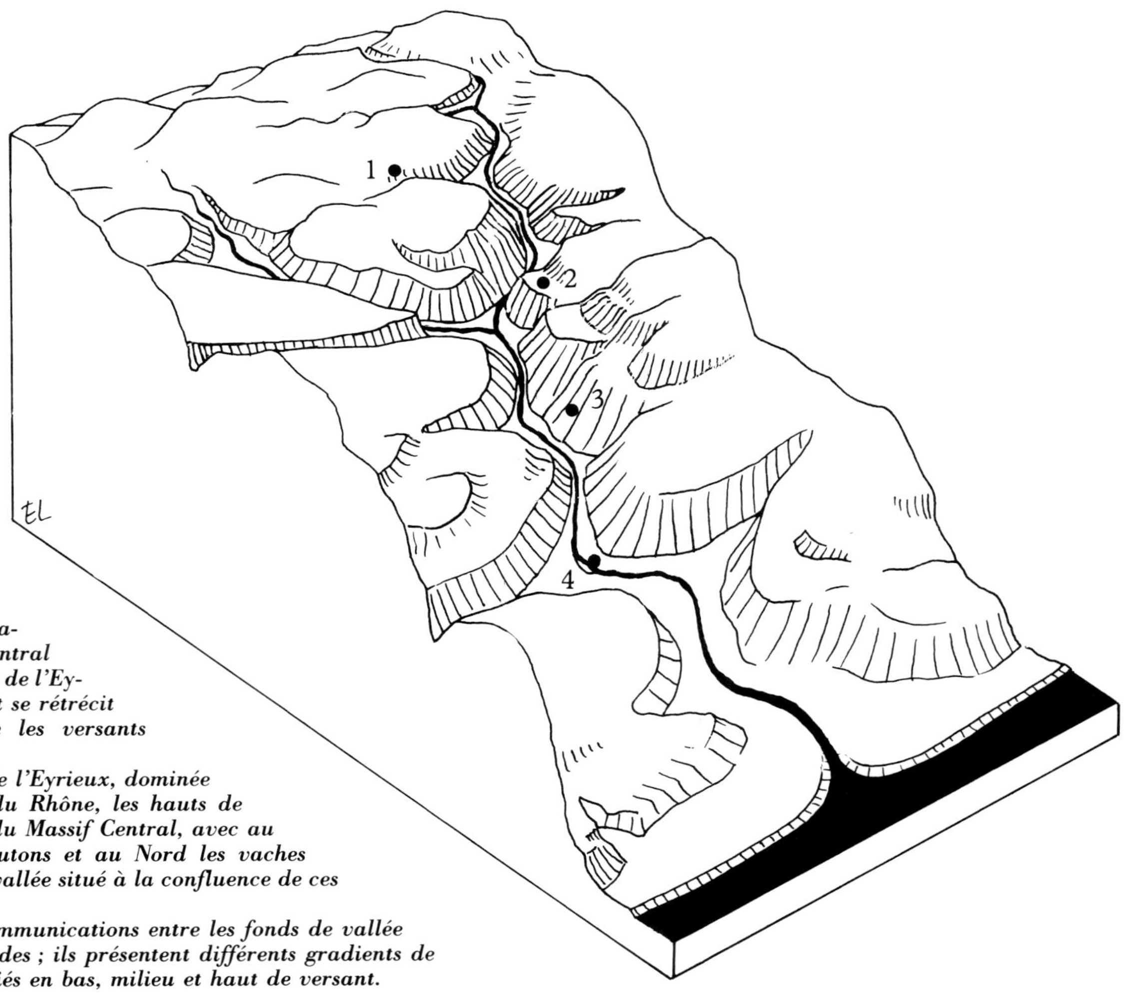

une vallée aux multiples influences

Zone de transition entre les plateaux ardéchois du Massif Central et la vallée du Rhône, la vallée de l'Eyrieux est plus large à l'aval et se rétrécit quand elle s'engouffre entre les versants abrupts des montagnes.
On distingue la basse vallée de l'Eyrieux, dominée par l'influence de la vallée du Rhône, les hauts de vallée soumis aux influences du Massif Central, avec au Sud l'élevage extensif de moutons et au Nord les vaches laitières, et enfin le milieu de vallée situé à la confluence de ces trois mondes.
Les versants sont aussi des communications entre les fonds de vallée et les reliefs de diverses altitudes ; ils présentent différents gradients de pente schématiquement classifiés en bas, milieu et haut de versant.

2

situations de milieu de vallée, producteurs laitiers traditionnels sur replat, serre et haut de versant

Dans un versant dominé par la broussaille et l'abandon, les derniers producteurs laitiers de la vallée maintiennent des îlots de résistance de l'agriculture sur des situations de replats. Les cultures traditionnelles telles que l'orge, l'avoine, la luzerne occupent les zones les plus planes et colonisent les premières terrasses qui sont les plus larges. Paysage-souvenir de la culture d'autosuffisance, micro-paysage de la terrasse de culture, car les surfaces concernées restent très faibles. Là où la pente s'accentue, la terrasse se resserre, s'abandonne à l'animal, puis devient inaccessible et disparaît sous la broussaille et la forêt.

situations de milieu de vallée, arboriculture et maraîchage traditionnels sur petites terrasses de bas de versant

Vue plongeante sur un secteur de versant aménagé en terrasses cultivées en très bon état de conservation. Dans des sites facilement irrigables, ici bas de versant proche de l'Eyrieux, des exploitations installées majoritairement sur terrasses, continuent de développer une arboriculture et un maraîchage traditionnels faiblement mécanisés mais cependant orientés vers le marché. Ces terrasses souvent assez étroites, de largeur inférieure à 5 m, sont le support de l'activité économique principale de ces exploitations et bénéficient donc d'aménagements spécifiques (accès motoculteur, irrigation) et d'un bon entretien incluant la reconstruction des murs le cas échéant. Le paysage est celui d'un espace jardiné, fortement humanisé ; il s'impose au regard parce qu'il est rare d'observer un quartier de versant avec une structuration rectiligne aussi dense.

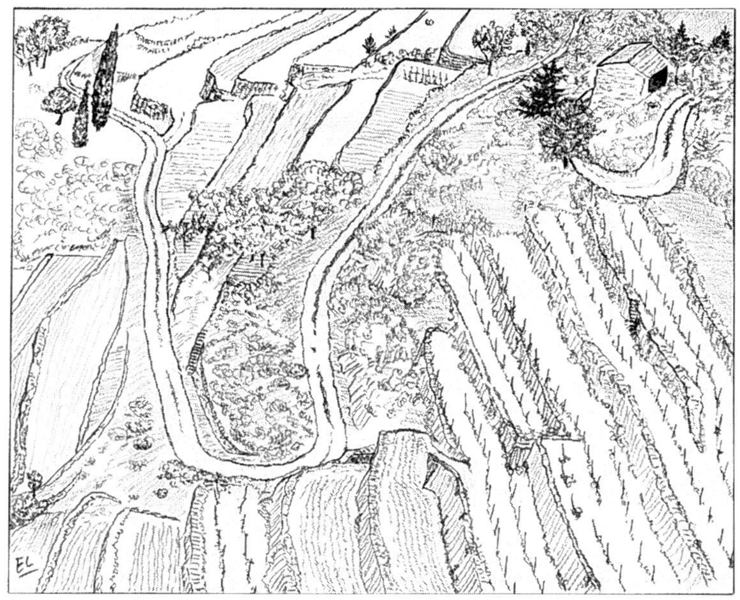

3

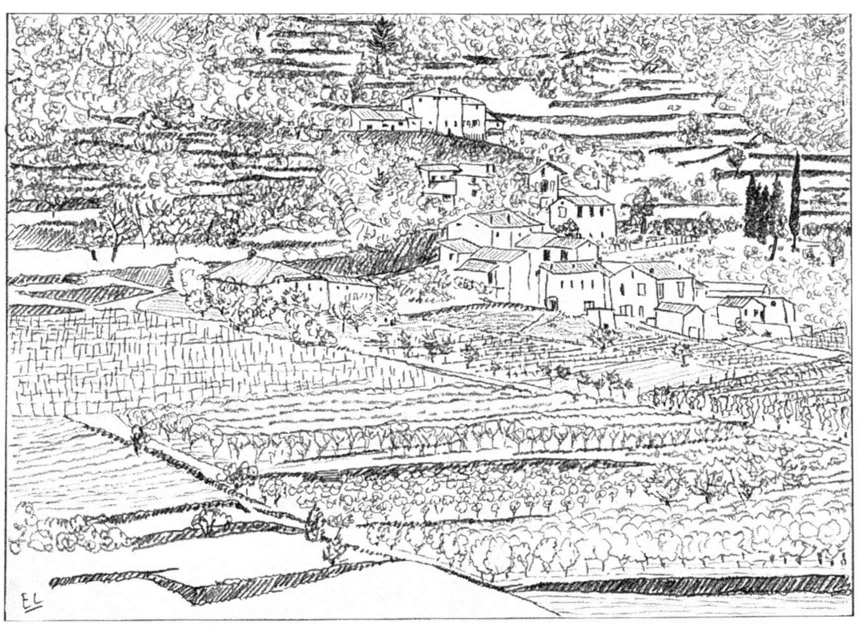

4

situations de bas et milieu de vallée, arboriculture intensive sur grandes terrasses

L'arboriculture intensive est fortement soumise aux lois du marché et de la rentabilité. Il s'agit d'une agriculture assez mécanisée installée prioritairement dans les fonds les plus larges de la vallée de l'Eyrieux, près de la vallée du Rhône. En de telles situations, certains bas de versant présentent un profil de pente douce avec quelques grandes terrasses de 10 à 30 m de largeur. Parce qu'elles sont facilement irrigables et qu'elles acceptent un travail mécanisé avec tracteur, ces grandes terrasses sont colonisées par une arboriculture intensive qui a besoin de surfaces. Les plus petites d'entre elles sont agrandies, des accès pour tracteur sont aménagés, l'irrigation est installée ; vergers de pêchers et de kiwis peuvent alors remonter paresseusement les bas de pente. A la différence des arboriculteurs traditionnels, ces agriculteurs ne reconstruisent plus les murs écroulés ; ces derniers sont épierrés et reprofilés en talus enherbés. Le paysage est celui d'un fond de vallée tapissé d'arbres fruitiers qui s'incurve quand il rencontre le versant ; on le perçoit difficilement comme un paysage de versant, la terrasse se fait discrète et s'estompe sous les pêchers.

... et représentation

La vallée de l'Eyrieux dans le Centre-Ardèche, connut au début du siècle une période de célébrité de par la renommée de ses fameuses pêches dont la saveur était appréciée jusqu'à Paris. L'agriculture s'y est bien maintenue jusqu'à la plantation dans les années 60 des immenses vergers de pêchers et autres fruitiers de la vallée du Rhône. Touchée plus tard par l'exode rural, cette région de terrasses au relief très marqué conserve encore un nombre assez important d'agriculteurs.

Deux économistes, chercheurs à l'Institut National de la Recherche Agronomique, Bernard Cristofini et Daniel Roybin, ont étudié cette région et réalisé à partir de nombreuses enquêtes, une typologie des exploitations agricoles en fonction de la technicité des agriculteurs et de l'intensité de leurs actions sur l'espace.

Le tableau de ces groupes d'exploitations au fonctionnement comparable représente en quelque sorte leur vision et leur représentation d'économistes sur une petite région agricole, et sur la réalité des terrasses.

L'axe horizontal traduit qu'il existe encore dans la vallée de l'Eyrieux un nombre important d'exploitations qui fonctionnent avec peu d'achats : 25 % se retrouvent dans la colonne *faibles intrants ;* elles sont détenues par des agriculteurs âgés. L'équipement indispensable est bien sûr présent (motoculteur, petit tracteur, barre de coupe pour la fauche...), mais la production ne repose pas sur l'achat de « consommations intermédiaires » annuelles : peu ou pas d'achat d'aliment du bétail, d'engrais, etc. L'évolution de la technicité rend ces flux d'achat fondamentaux dans le cycle de production *(augmentation des intrants).* Pour être correctement absorbés et profitables, ils nécessitent un appareil de production de plus en plus performant *(développement des techniques).* Mais il ne suffit pas de produire plus, même efficacement, il faut encore trouver des débouchés et des produits permettant d'améliorer les bénéfices : choix des espèces, des variétés végétales, des races animales *(adaptation des produits au marché).* Dans cette logique, la mise en place d'ateliers de transformation permet d'incorporer une plus grande valeur ajoutée aux produits ; certains producteurs recherchent alors des gains au niveau de la marge commerciale, en pénétrant eux-mêmes dans la sphère de la commercialisation, soit par le travail (vente directe, circuits courts avec les détaillants), soit même par le capital (flotte de camions...).

Globalement, cet axe horizontal exprime donc un gradient de *technicité croissante,* d'abord de *l'amont (intrants),* puis de *l'aval (transformation, commercialisation).*

L'axe vertical, quant à lui, concerne l'action des exploitations sur l'espace (et donc notamment sur sa partie enterrassée). Cet axe est fondé sur la présence éventuelle, puis sur l'importance croissante d'un noyau intensif au sein de l'exploitation. Ce noyau, sur lequel se concentrent le travail et le capital, l'aménagement et l'équipement, devient prépondérant au point de devenir exclusif : il n'y a pratiquement plus de surfaces exploitées extensivement à partir de la quatrième ligne. Dans les lignes du bas apparaît en outre une activité encore plus concentrée dans l'espace : celle de l'atelier de transformation (miellerie, fromagerie, atelier de poules pondeuses...).

Paradoxalement, ce type d'activité hors sol, qui peut s'implanter dans des zones de terrasses étroites, est susceptible de donner lieu à une exploitation agricole secondaire, voire de loisir.

Globalement, cet axe vertical exprime donc un gradient de *concentration des actions de production et de transformation* dans l'espace.

Le croisement de ces deux axes (technicité et concentration spatiale) dessine la matrice du cadre typologique.

La petite région de la moyenne vallée de l'Eyrieux apparaît comme constituée de 14 types d'exploitations : seules quelques cases sont « habitées », toutes les combinaisons des deux axes ne sont pas possibles, ou du moins n'ont pas été rencontrées sur le terrain. Chacune des cases est décrite dans toute une série de tableaux permettant de dégager ses possibilités d'évolution, ses fragilités, ses opportunités, son avenir prévisible.

Le tissu agricole de la petite région peut alors apparaître comme structuré en quatre macro-cases particulières, cernées de noir : les deux pôles *(petite production traditionnelle* et *hors sol)* reliés par deux filières *(élevage dominant* et *culture dominante).*

En étudiant plus précisément l'impact des systèmes d'exploitations sur l'espace, les chercheurs ont réussi à lier ainsi une approche économique à une approche paysagère. Il ressort de leurs travaux qu'il existe une correspondance assez étroite entre la typologie économique des exploitations agricoles et une typologie spatiale selon la position de celles-ci dans la vallée et le type de terrasses cultivées.

Cette étude sans concession met en évidence la persistance d'exploitations agricoles dans des régions de terrasses et la fragilité des systèmes. Près de 40 % des agriculteurs âgés n'ont pas de successeur déclaré ; seule une partie de leurs parcelles a une chance d'être reprise par des agriculteurs désireux de s'agrandir ou de s'installer. Pour les éleveurs, les terrasses apparaissent comme une gêne et certains vont même jusqu'à créer des tranchées pour enterrer les pierres des murs et reprofiler le sol des prairies. Mais l'étude souligne également la présence d'agriculteurs encore nombreux utilisant ces terrasses et dont certains trouvent les moyens techniques et commerciaux pour continuer à vivre dans cette région. Cette réalité ne peut être gommée.

Pour en savoir plus :

CRISTOFINI (B.) et ROYBIN (D.), dessins : LANDAIS (E.) – *Les principales évolutions économiques à l'œuvre dans les exploitations de la moyenne vallée de l'Eyrieux – Répercussions paysagères* – I.N.R.A.-S.A.D., à paraître fin 1989.

Les types d'exploitations agricoles de la vallée de l'Eyrieux, et les deux principales filières d'évolution.

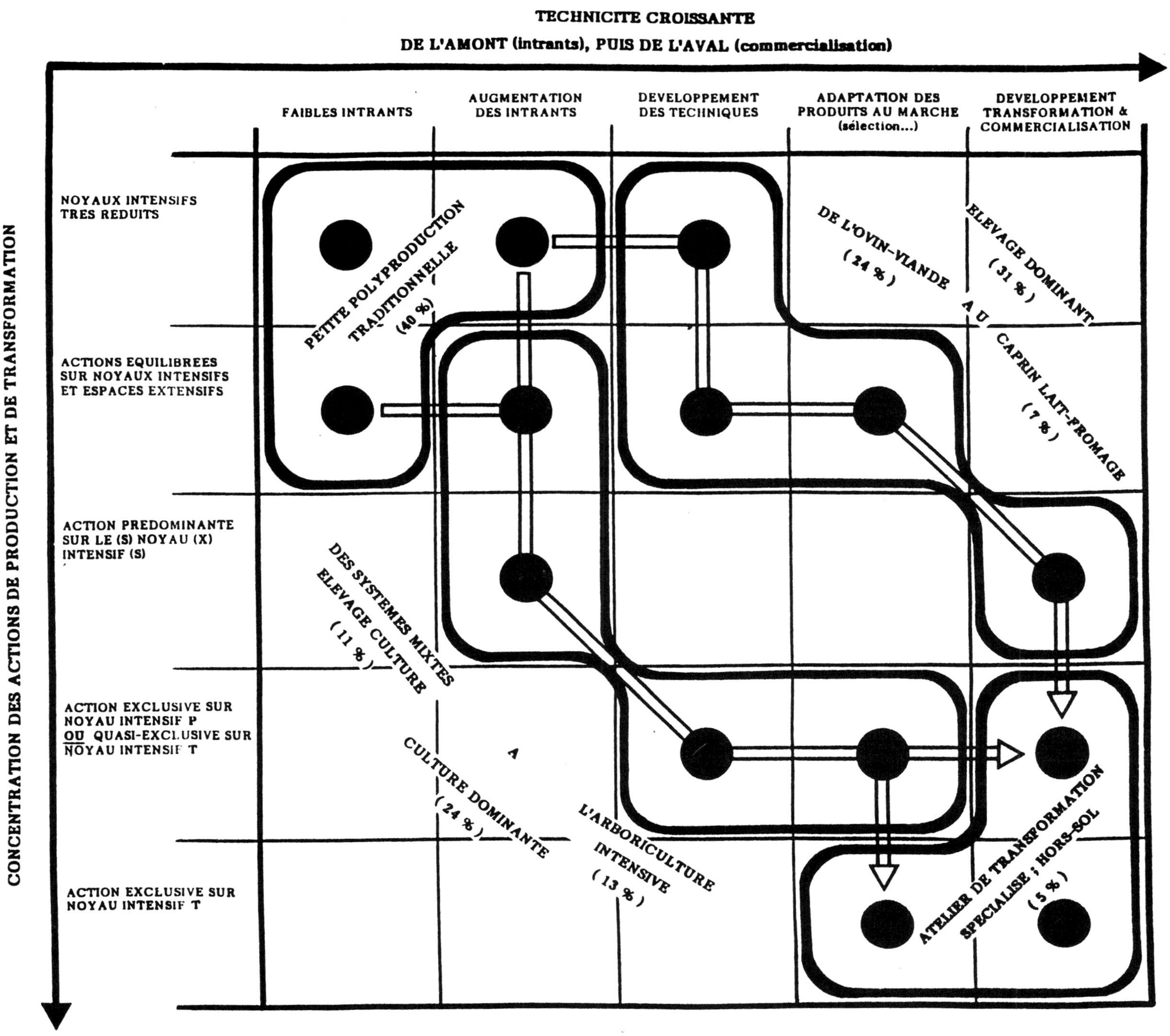

1

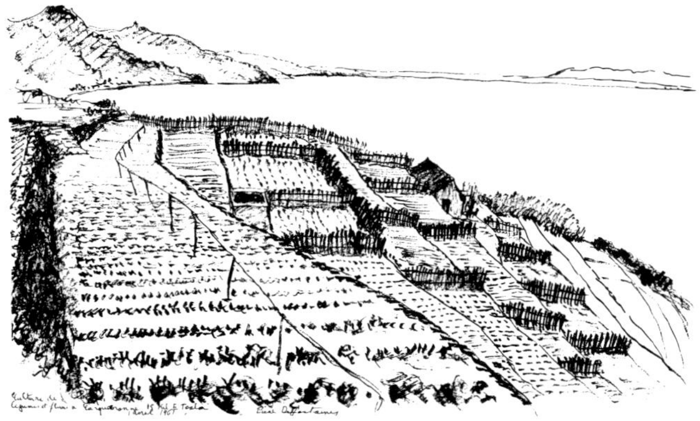

2

3

Les usages contemporains

Des agriculteurs continuent d'exploiter des terrasses. Certains de façon relativement traditionnelle, d'autres essaient de s'adapter à une situation économique dominée par le marché, en profitant au mieux des atouts de leur situation. Une enquête menée auprès de 80 exploitants agricoles du Sud de la France, travaillant sur des terrasses, souligne à la fois l'isolement de ces agriculteurs et leur capacité à utiliser des techniques agronomiques et commerciales nouvelles. Cette étude présente aussi l'extrême diversité des solutions trouvées : il n'existe plus un modèle unique ou un modèle régional. Bien souvent il a fallu que les agriculteurs se spécialisent pour conserver un niveau de vie compatible avec les exigences de notre époque. Pourtant une des caractéristiques principales des cultures traditionnelles en terrasses demeure dans la diversité des produits cultivés sur un versant, voire même sur chaque parcelle. Il est bon de tenir compte des avantages qui s'attachent à cette diversité lorsqu'on est amené à juger du caractère réellement novateur des nouvelles formes d'agriculture mises en place.

Tout autant que les techniques, cette étude révèle l'état d'esprit et les valeurs des acteurs ; 70 % des agriculteurs interviewés aiment leur métier et se déclarent, malgré leurs difficultés, globalement satisfaits ; ils désirent continuer leurs activités. Les exemples présentés ici, sans être représentatifs de la situation actuelle, ne sont pourtant pas exceptionnels. Ils ont été choisis en fonction de l'intérêt que leur démarche présentait pour amorcer une réflexion sur l'avenir de ces régions, de ces espaces et plus généralement sur le rôle de l'agriculture et sur celui de ses nouveaux partenaires dans la gestion des territoires. C'est pourquoi une place importante est donnée aux expériences menées par des communes, des associations, des propriétaires, et bien sûr, des consommateurs, constitués en grande partie de citadins, amateurs de produits ou de paysages de qualité.

Double page précédente :
1 – Tourrette-sur-Loup (Alpes-Maritimes).
2 – Pierre Deffontaines, Carqueiranne (Var), cultures de légumes et de fleurs, 1961.

Ci-contre : Tain-L'Hermitage (Drôme), vendanges.

la vigne

« Paysan païen, l'antique langue en a gardé le souvenir : rappelez-vous les restanques d'avant le maquis, les champs clos d'avant les travaux connexes, le damier qu'on ne pouvait nommer panorama : topologie d'une carte assemblée par plaques disparates, diversement colorées, emboîtées bizarrement, pèlerine dépenaillée de vignes, prés, labours, bosquets, lieux-dits, ruine du polythéisme effacé dès la naissance du Verbe. »

Michel Serre

1

Condrieu
la renaissance d'un vignoble

Sur les coteaux pentus de la rive droite du Rhône, entre Valence et Vienne, les lignes de vignes parallèles ou perpendiculaires à celles des murets, donnent une unité au versant ouest de cette vallée quand on la découvre de l'autoroute. Parfois seulement une ou deux rangées de vignes sont plantées sur les terrasses, appelées ici chambas, faysses, chalets ou accols. Après la conquête de la Gaule, alors que Vienne devient une capitale, les légionnaires inoccupés vont aller défricher les coteaux granitiques pour en faire le berceau de la viticulture rhodanienne. Des noms prestigieux ont résonné et résonnent toujours aux oreilles des connaisseurs : Côte-Rôtie, Condrieu, Château-Grillet, Saint-Joseph, auxquels il faut ajouter Cornas, Saint-Peray et, de l'autre côté de la vallée, l'Hermitage et Crozes l'Hermitage.

Pourtant, malgré son renom, le vignoble de Condrieu a été progressivement abandonné après 1950, alors même qu'il fournissait un très grand vin blanc, à la robe dorée, fruité, riche en senteurs florales, mais qui a le défaut de mal se conserver. Les rendements ne dépassaient guère 15 hl à l'ha du fait de la dégénérescence des plants exploités, et la production très variable d'une année sur l'autre décourageait les plus fidèles acheteurs. Après la Seconde Guerre mondiale, la commercialisation des vins d'appellation d'origine contrôlée (AOC) est devenue difficile d'une manière générale ; des vins locaux comme le Condrieu se vendaient mal.

Sur les terrasses, la culture de la vigne restait manuelle. Elle exigeait un surplus de travail par rapport à celle d'autres régions qui commençaient à se mécaniser. Les vignerons allaient préférer se reconvertir dans l'arboriculture et le maraîchage, en plein essor ; leurs enfants abandonnaient la terre, attirés par les salaires réguliers offerts par les nouvelles industries de la vallée du Rhône. Enfin, pour finir de décourager ceux qui restaient accrochés à leurs sarments, des trombes d'eau emportent en 1948 une partie de l'architecture des « murettes ». Ainsi sur les 300 ha de l'aire d'appellation « Condrieu », seuls 15 ha étaient encore cultivés avant la relance du vignoble en 1975. Situation de déprise sans doute assez similaire à celle qu'ont provoquée les grandes épidémies de peste du XIVe siècle.

En 1974, une première étude réalisée par un conseiller agricole de la Chambre d'Agriculture, Gilbert Nicaise, reflète une situation presque désespérée. Le titre d'un document diffusé alors dans les milieux agricoles est éloquent : « Le vignoble de Condrieu est-il condamné ? » Pourtant, l'année suivante, un commerçant fils de paysan se convertit à plein temps dans la viticulture. Cette installation à contre-courant va susciter bien des interrogations et des discussions chez les autres agriculteurs et chez les propriétaires de vignes en friche. Un petit nombre de vignerons confiants dans l'avenir du Condrieu se regroupe alors, commandent une série d'analyses techniques à l'Association Nationale Technique pour l'Amélioration de la Viticulture (ANTAV) pour sélectionner les plants. Enfin, ils lancent l'idée d'un réaménagement foncier des coteaux pour reconquérir les terrasses de vigne sur la broussaille et les robiniers.

Une autre figure apparaît ici, celle d'un jeune ingénieur agronome du Parc Régional du Pilat, Jean-Paul Guérin, qui se passionne pour ce projet et propose aux agriculteurs ses compétences. Ce petit noyau de personnes déterminées réussira à convaincre à la fois les agriculteurs et toutes les administrations ! Durant l'hiver 1980-1981, les vignerons élaborent le plan des zones à remettre en culture et évaluent la demande en terrain à planter. Ils constituent fin 1981 le « syndicat pour la renaissance du vignoble en terrasses du Pilat » dont le président sera Pierre Perret, un viticulteur qui sut entraîner tous les autres dans cette aventure. Le syndicat confie à la SAFER, oganisme d'aménagement foncier pour l'agriculture, le soin d'acheter et de restructurer les petites parcelles abandonnées et de réaliser les accès. L'ensemble sera remis à un Groupement Foncier Agricole pour garantir l'exploitation et la gestion collective des aménagements. Les terres sont louées à de nouveaux vignerons, en général actionnaires du groupement, qui replanteront eux-mêmes leurs parcelles. Finalement, après les deux premières tranches de travaux, 18 ha de broussailles retrouvent leur aspect de vignobles en terrasses grâce au travail de 15 agriculteurs. D'autres propriétaires, observant dans le paysage la possibilité de relance de ce vignoble, défrichent à leur tour dans les secteurs non concernés par l'opération groupée,

1, 2 et double page suivante : Ampuis (Rhône), vignoble appellation Condrieu.

2

qui seule bénéficiait de subventions pour les travaux. Au total 80 ha doivent progressivement être remis en valeur, assurant l'installation d'une quarantaine de vignerons.

Comment expliquer qu'une situation qui semblait désespérée en 1974 ait pu évoluer si rapidement, au point que l'on peut considérer en 1989 cette opération comme un succès ?

L'étendue géographique de la zone en terrasses est restreinte et bien définie : il s'agit d'un versant séparant la plaine du Rhône et le plateau de Pélussin. Par ailleurs les agriculteurs qui travaillaient ces terrasses étaient en contact avec d'autres milieux très différents. Bien informés ils ont su évaluer les atouts et les contraintes de leur vignoble, s'entourer de personnes qualifiées et passionnées, connaître les désirs de leurs clients finaux.

Le vignoble était classé en AOC. Ce qui fut un handicap dans les années 50 à 70, alors que la demande en vins de cette catégorie était relativement faible, devient un facteur favorable du fait du regain d'intérêt des consommateurs pour les vins de qualité. Le Viognier, utilisé dans cette zone, est un cépage très rare, caractéristique de ces quelques dizaines d'ha des Côtes du Rhône septentrionales (appellations Côte-Rôtie, Condrieu et Château-Grillet). Il permet d'obtenir des vins blancs excellents et très recherchés ; il représente actuellement une véritable rente de situation qu'il fallait savoir mettre en valeur.

Malgré le climat général des années d'après-guerre favorable à l'abandon, l'exploitation de ce vignoble n'a heureusement jamais totalement cessé, notamment grâce à la persévérance du futur président du syndicat. Le patrimoine génétique a été conservé ainsi que la connaissance pratique de la culture de la vigne et des agriculteurs à temps partiel surent faciliter les installations des nouveaux vignerons.

Le dynamisme d'un petit groupe a largement contribué à la réussite de l'opération. Les agriculteurs ont affirmé leur volonté face aux réticences des organismes financeurs et se sont assurés du soutien des organismes techniques. La situation foncière de départ était délicate, comme dans bien d'autres secteurs en terrasses : quelques îlots encore cultivés au milieu de zones abandonnées appartenant le plus souvent à des non-agriculteurs parfois difficiles à retrouver. Un Plan d'Occupation des Sols préservait ce secteur de l'urbanisation, cependant des pressions étaient à craindre à plus long terme pour que ces versants bien exposés et abandonnés deviennent constructibles.

Enfin, la recherche a permis de trouver des solutions aux principales difficultés techniques, insurmontables il y a 30 ans. Il a fallu adapter des méthodes mises au point pour d'autres cultures ou utiliser un matériel conçu à d'autres fins. Ainsi l'aménagement du vignoble a été facilité par l'utilisation d'une pelle mécanique étroite (1 m 30) appartenant à une entreprise d'entretien d'espaces verts. On l'a utilisée pour le débroussaillement et le défonçage du sol sur les terrasses, sans abîmer les murets en pierres sèches. C'est également avec cette pelle qu'a été réalisée, sous la direction des vignerons, l'ouverture d'un chemin rendant accessible aux voitures l'ensemble des parcelles. Des essais de désherbage chimique raisonné sont en cours pour limiter le travail du sol sans aggraver la pollution et l'érosion. De nouvelles techniques culturales se développent comme le paillage plastique des jeunes vignes, ou la fertilisation équilibrée. Enfin, de petits transporteurs à chenilles font leur apparition sur les coteaux et semblent bien convenir pour la récolte et les traitements.

Le Condrieu blanc connaît actuellement un succès remarquable. Il est pratiquement introuvable chez les producteurs qui écoulent la quasi-totalité de leur production vers l'étranger, les restaurants de luxe, et les grandes maisons de vins fins. Mais cette réussite n'est pas définitivement acquise. Elle demeure tributaire du maintien de la qualité, dont dépend le prix du Condrieu blanc. La maîtrise de la vinification reste assez délicate. Les « anciens » devront continuer à jouer un rôle de conseil auprès des nouveaux installés pour permettre le maintien de la qualité et une régularité de la quantité. Les travaux du Syndicat s'orientent maintenant vers la recherche de nouveaux débouchés et également vers l'amélioration de l'image de marque, en profitant de la qualité du paysage créé.

Pour en savoir plus :

BACHOUA (A.M.) et al. – *Synthèse sur différents aménagements de zones en terrasses dans le Sud-Est de la France*, 1986.

TRACOL (M.A.) – *Le sang du Rhône*, 1986.

1

1 – Banquette des Gallinières, Beaumes-de-Venise (Vaucluse). Vue aérienne. (Cf. photo du site p. 102.)

2 – Les banquettes de M. Milhaud. Cas ou la pente est comprise entre 20 % et 70 %.

3 – Plan d'étude de planimétrie et topographie dessiné par M. Cl. Milhaud préalablement aux travaux.

La création d'un paysage contemporain remarquable

"L'exploitation que je dirige est le résultat du morcellement, après partage familial, d'une propriété plus importante.

Je l'ai acquise en 1960, sa superficie était alors de 2,5 hectares, sa configuration était typique des paysages méditerranéens, faite de terrasses modestes, 26 au total, soutenues par des murs de pierres sèches.

A titre d'exemple, une partie de ma propriété était constituée par 11 terrasses occupant une superficie de 1 700 m². Certaines n'excédaient pas 2 mètres de large et 20 mètres de long.

Le cheval était alors mon principal auxiliaire, leur entretien ne me posait pas de problèmes majeurs.

Puis, le progrès aidant, et surtout la nécessité d'agrandir la surface de mon exploitation, pour des raisons économiques, le cheval fut remplacé par les chevaux-vapeur. Si l'animal se riait des obstacles, le tracteur agricole, lui, s'avéra impuissant face à l'étroitesse des terrasses qui ne permettait pas les allers et retours.

Il me fallait alors travailler ces parcelles avec un engin plus petit, de type motoculteur, sulfater et traiter avec du matériel portable, évacuer les récoltes à la brouette.

Toutes ces contraintes, et le peu de profit que je retirais de ce travail, me décidèrent alors à renoncer et à laisser en friches ces parcelles.

J'achetais un terrain à flanc de montagne, d'une superficie de 3 hectares, que je décidais d'aménager en respectant les contraintes agronomiques, mais aussi en préservant l'héritage du passé et les traditions séculaires, principalement en matière de gestion des eaux de ruissellement.

Il me fallut défricher et arracher des arbres, mais avec le souci constant d'améliorer le paysage et de préserver les sites naturels, même si le besoin de m'agrandir primait.

Aujourd'hui, je suis propriétaire de 17 hectares, sur lesquels j'ai aménagé 48 banquettes d'une superficie moyenne de 3 450 m² contre 920 m² en 1960.

J'ai réalisé cette mise en culture des pentes avec des moyens modernes comme le bulldozer mais en utilisant tout le savoir et toute l'expérience que m'avaient transmis mon père et mon grand-père.

Lorsque j'aménage une parcelle en banquette, je distingue deux cas :

— La pente initiale de la montagne est comprise entre 10 et 20 %.

La largeur des terrasses est alors comprise entre 30 et 35 mètres et chacune peut recevoir 12 rangées de vignes. 12 étant un multiple de 2, 3 et 4, cela facilite la façon de traiter les plantations.

Je commence par établir un relevé topographique, altimétrie et planimétrie.

Un plan est dressé qui prend en compte la configuration naturelle du terrain et permet l'aménagement en fonction des courbes de niveaux.

Ce plan prévoit impérativement, à l'amont du site, un collecteur d'eau qui récupère le ruissellement en provenance de la montagne.

Il a une largeur de 3 à 4 mètres, qui en permet un entretien mécanisé.

Chaque banquette est endiguée à l'aval par une butte de 30 centimètres de hauteur qui interdit tout ruissellement sur le niveau inférieur.

Une pente longitudinale comprise entre 1 et 3 % conduit l'eau du collecteur amont et de chacune des banquettes vers des exutoires existants ou aménagés.

On peut considérer en schématisant que la banquette est un bassin endigué par le talus naturel à l'amont, une butte artificielle à l'aval, et d'une pente longitudinale inférieure à 3 % (ravinement au delà).

Afin d'obtenir un meilleur rendement des cultures à venir, il faut veiller à utiliser la couche de terre végétale naturelle que j'ai soin de stocker lors des travaux d'aménagement pour l'étendre sur la surface cultivable lorsque le profilage a été réalisé.

— La pente initiale est supérieure à 20 % et peut atteindre 70 %.

Dans ce cas, la largeur des banquettes est réduite à 5 mètres pour supporter 2 rangées de vignes.

Pour exploiter une parcelle dans des conditions de rentabilité suffisantes, il faut qu'elle atteigne une superficie minimum d'un hectare, sinon la part occupée par les talus, exutoires et circulations est beaucoup trop importante (environ 50 %).

Comme dans le premier cas, je réalise un collecteur

d'eaux pluviales. Dans cette configuration de relief, un chemin d'accès est nécessaire et doit comporter de nombreux lacets pour éviter les pentes trop importantes. Ce chemin distribue toutes les banquettes et se trouve toujours surélevé parce que bordé d'un fossé qui reçoit les eaux des collecteurs.

La réalisation d'un plan préalable n'est pas ici envisageable. La configuration du terrain très accidenté, les courbes de niveaux rarement parallèles sont un handicap sérieux à une étude topographique qui s'avérerait trop onéreuse.

La largeur des banquettes ne permet pas de stocker la terre végétale pour l'étendre à la fin des travaux. Le sol se trouve alors plus pauvre et je pallie cette carence par une fertilisation naturelle abondante (matières organiques, fumier, marc de raisin, compost urbain sur la base de 100 à 150 tonnes par hectare) sans oublier la fumure de fond (produits minéraux, superphosphate et potasse).

Dans ce cas d'aménagement d'un versant de montagne en banquettes, le tracé est réalisé par un géomètre qui balise la zone à aménager, au fur et à mesure de l'avancement des travaux.

Le bulldozer réalise alors les différents profils en commençant toujours par le haut pour évacuer vers l'aval les matières indésirables (gros rochers, troncs d'arbres).

Lorsque le profil du terrain est terminé, il convient d'ameublir le sol par plusieurs passages de "ripper", sorte de grosse dent qui fissure le sous-sol et favorise l'enracinement des cultures.

Avant la mise en culture, je respecte un délai suffisamment long (1 à 2 ans) pour permettre aux talus et chemins de se stabiliser, corriger éventuellement les pentes excessives, et permettre aux buttes de protection de durcir suffisamment.

Enfin, j'ajouterai que, les gros orages étant quelquefois violents dans cette région, il faut apporter le plus grand soin à la réalisation des collecteurs d'eau, des exutoires, ne pas hésiter à les diviser s'ils doivent accueillir des trop forts débits ou à canaliser cette eau par des conduites souterraines ou sur des surfaces bétonnées.

Le travail terminé, j'enherbe les surfaces non cultivées, les talus, les bords extérieurs de chemins d'accès avec des plantes vivaces de la région.

Je prends soin de planter des arbres de différentes espèces que j'entretiens et arrose afin de reconstruire un paysage ressemblant le plus possible à la nature environnante.

Aujourd'hui ces arbres ont poussé, sur les talus le long des chemins la nature a repris ses droits et les rangées de vignes qui serpentent le long des versants s'intègrent harmonieusement à l'environnement."

Claude MILHAUD
Viticulteur, producteur de muscat à Beaumes-de-Venise (Vaucluse)

Note : L'exploitation de M. Cl. Milhaud a reçu le label "Paysages de reconquête" attribué par le ministère de l'Environnement en décembre 1992.

2

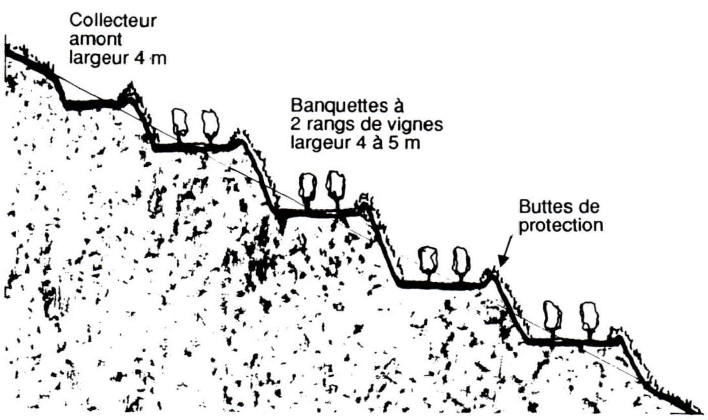

3

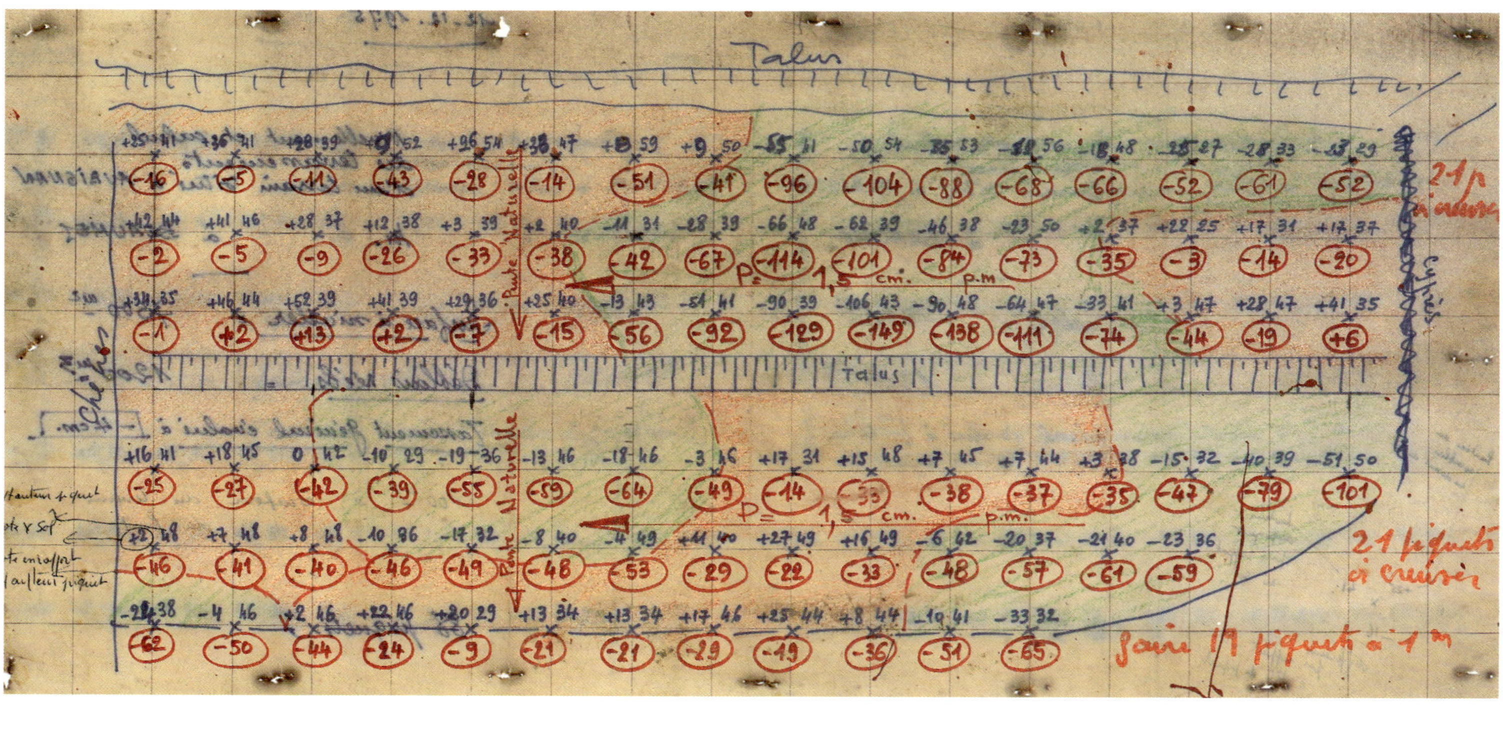

1

Les crises du Midi viticole
les allers et retours de l'histoire du paysage

Ainsi des vignerons s'installent et défrichent des terrasses abandonnées. Au même moment, les journaux annoncent qu'un tiers du vignoble méridional va disparaître en cinq ans. La commission européenne voudrait obtenir l'arrachage de quelques 700 000 ha dans la CEE. Le Languedoc-Roussillon est visé. L'histoire nous joue une nouvelle scène et le décor va encore changer. Un retour en arrière est nécessaire pour tenter de comprendre la différence des situations existante entre ces régions de grande culture vinicole et les vignobles à un ou deux rangs, soutenus par des murets en pierres sèches.

Dès le XVIIIe siècle, les produits de la viticulture représentent la majeure partie des exportations agricoles du Languedoc. Ce marché va se développer tout au long du XIXe siècle. La demande en vins et en alcools augmente avec l'essor des villes et l'industrialisation. La construction des chemins de fer permet aux différentes régions de se spécialiser et d'écouler leurs produits. Les plaines du Nord fournissent du blé, les régions du Sud abandonnent progressivement les céréales au profit de la vigne. Jusqu'alors reléguée dans les terroirs difficiles, celle-ci s'installe dans les plaines plus fertiles. Ainsi, dans le Languedoc, débute la monoculture de la vigne avec de grandes exploitations viticoles, profitant au maximum des progrès agronomiques, entourées d'une multitude de petites exploitations familiales. Son histoire, jusqu'à nos jours, sera jalonnée de crises successives touchant toute la population rurale mais aussi urbaine, car cette région est devenue totalement dépendante du marché du vin.

Après les crises liées aux attaques de la pyrale, puis de l'oïdium dans les années 1850, le phylloxera petit puceron de moins d'un millimètre de long venu d'Amérique provoque, trente ans plus tard, une nouvelle catastrophe. L'Hérault, dont la production en vin était remontée à 13 800 000 hectolitres en 1869, n'en fournit plus que 2 448 000 une dizaine d'années plus tard. C'est une nouvelle période de misère, de dépôts de bilan ; dans les cantons les plus pauvres, on arrache les vignes et certains paysans émigreront vers l'Algérie où ils deviendront les pionniers dans la constitution du vignoble algérien. Bientôt on découvre qu'une submersion hivernale de la vigne pendant quarante jours tue les œufs du phylloxera. Cette découverte entraîne des plantations dans les plaines littorales inondables jusque sur les cordons dunaires, au détriment des vignobles en terrasses. Mais le mérite revient au botaniste J.-E. Planchon d'avoir mis au point le véritable remède en greffant un plant français sur un pied américain résistant au puceron. La cicatrice de greffe est une zone de fragilité physiologique du pied de vigne, elle craint le gel. Il faut la recouvrir de terre en hiver et au début du printemps quand les risques de gelées sont forts, puis retirer la terre, « décavaillonner » en été et à l'automne pour mettre la cicatrice à l'air et éviter que le pied français sensible ne donne des racines et s'affranchisse du porte-greffe. Ces travaux, ainsi que les traitements successifs, exigent une forte main d'œuvre. On assiste alors à une explosion démographique des campagnes viticoles. Les viticulteurs de plaine réalisent d'importants investissements.

Après l'euphorie, c'est de nouveau le reflux. L'adoption par les vignerons de cépages à fort rendement, la chaptalisation rendue possible par la détaxe sur le sucre, l'importation des vins d'Algérie, l'attitude spéculative des producteurs, portent la production nationale à plus de 70 millions d'hectolitres au début du siècle. C'est alors la crise de surproduction. Les vignerons se révoltent : « Mort aux fraudeurs ». La troupe envoyée pour les mater se mutine, les soldats du 17e de ligne, originaires de la région, mettent les « crosses en l'air » et fraternisent avec les révoltés. L'année 1907 reste encore fortement gravée dans la mémoire collective. La viticulture marginale aura le plus souffert de cette crise : c'est celle des régions à faible rendement, des climats difficiles, celle des terrasses. Par contre, les grands propriétaires ont su comprimer leurs prix de revient

2

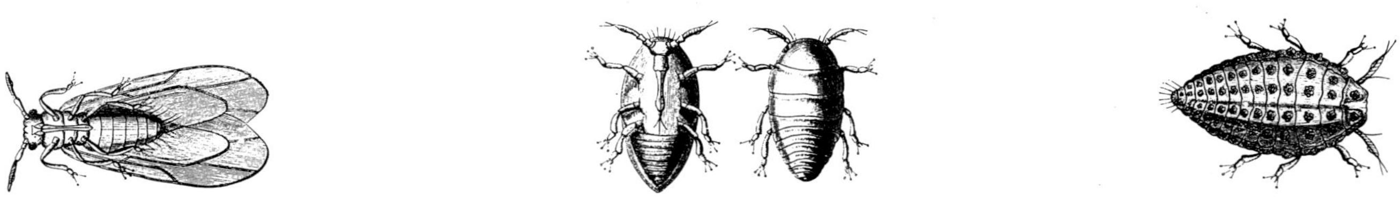

1 – Pierre Deffontaines, Collioure (Pyrénées-Orientales), 1959.
2 – Dessins du phylloxera, extraits de : Les ravageurs des vergers et des vignes, *H. de la Blancherie, 1876.*
3 – La Blachère, (Ardèche).

3

1

1 – Gorges de la Jonte (Lozère).
2 – Planzolles (Ardèche).
3 – Banyuls-sur-Mer (Pyrénées-Orientales).

2

et ils continuent à faire des bénéfices. La viticulture des plaines riches et ensoleillées, caractérisée par la grande propriété, en sort renforcée. Le contraste démographique et le contraste paysager s'accentuent.

Dans la montagne, sur les plateaux et les coteaux, l'exode est général. Les petits exploitants qui restaient ont conservé les modes d'exploitation traditionnels, d'ailleurs ils ne pouvaient pas faire autrement, mais ils n'ont plus effectué que le minimum de travaux indispensables (vendange, taille et traitements) ; le travail du sol et l'entretien des murets et des canaux ont eu tendance à être délaissés. Les friches, qui se sont développées sur les terres abandonnées, ont fait disparaître l'aspect soigné du terroir, elles ont projeté l'image de l'échec et découragé ceux qui restaient, comme si la nature elle-même, en reprenant ses droits, indiquait cruellement que l'avenir de la société n'était plus dans ces montagnes des Cévennes ou du Roussillon.

Dans les plaines, malgré des phases d'émigration, les difficultés ont été surmontées, la population s'est accrue. Là, jusque dans les années 1940, tous les travaux de la vigne ont été effectués avec soin et les petits viticulteurs, groupés dans leurs coopératives, résistèrent longtemps aux pressions des grandes propriétés.

Après la Deuxième Guerre mondiale, en moins d'une génération, une nouvelle réorganisation de la viticulture méridionale se produit. Les coopératives se renforcent et se chargent maintenant de la fabrication et de la commercialisation du vin. Dans les grands domaines, le travail de la vigne se mécanise, les premières machines à vendanger économisent la main-d'œuvre, et les bruits des moteurs et des mécaniques remplacent le charme des plaisanteries des vendangeurs. Parallèlement se généralise le travail à temps partiel sur les petites exploitations, d'ailleurs cette région possède, et de loin, le plus fort taux national de double activité : 60 % des exploitations agricoles sont dirigées par des doubles-actifs ; il s'agit à la fois de viticulteurs, obligés de trouver ailleurs un autre travail, et de salariés désireux d'exercer une activité agricole au moins partielle. Ces changements techniques et sociologiques vont dans le sens d'un désengagement du paysan vis-à-vis de son sol, ainsi la qualité du vin produit et la conservation en bon état du patrimoine deviennent peu à peu des préoccupations secondaires. Le vigneron fier de ses terres et de son vin se transforme en un viticulteur producteur de raisin qui se décharge de la vinification et de la commercialisation de sa production sur la coopérative. Par contre des citadins toujours plus nombreux s'intéressent à la vigne.

Il faut attendre le début des années 1970 pour que la production vinicole du Languedoc-Roussillon soit concernée par la politique agricole commune. La politique de la CEE, conjuguée avec la baisse de la consommation des vins courants, conduit à l'effondrement du négoce méridional, ce qui se traduit par une nouvelle période de crises et de luttes sociales en 1974-1976. La viticulture doit se reconvertir. La modernisation mise en place propose les objectifs économiques suivants :
– création, grâce à des restructurations foncières, d'une viticulture à faible coût dans les plaines ;
– soutien à une viticulture de qualité dans les coteaux ;
– d'une manière générale, diversification des productions.

Nous sommes donc dans une période de mutation, les paysages vont encore évoluer, certains coteaux vont être replantés alors que la vigne est arrachée dans les plaines. De jeunes agriculteurs veulent pouvoir vivre de leur travail, d'autres ne considèrent ce travail que comme un appoint, voire un loisir. Les valeurs évoluent.

Pourtant, de plus en plus fréquemment, un problème réapparaît, insidieux ou brutal, dans les plaines mécanisées comme sur les coteaux pentus : l'érosion.

Pour en savoir plus :

LE DAIN (A.-Y.) – *L'érosion dans le vignoble languedocien*, 1988.

3

1

Risques d'érosion
modernité des terrasses

Si le système hydraulique que constituent les terrasses agricoles n'est plus géré, la terre, autrefois si précieusement remontée à dos d'homme après les gros orages, s'échappe par les brèches et colmate les exutoires non entretenus en provoquant des débordements. L'érosion des sols et la gestion des eaux figurent pour les viticulteurs et les élus parmi les difficultés trop fréquentes auxquelles il convient d'apporter des solutions.

Le système de terrasses et de murets décrit dans la première partie n'apparaît plus alors comme archaïque : il retrouve sa pleine actualité lorsque l'on remet en valeur certains vignobles de qualité ou lorsqu'il inspire de nouvelles techniques adaptées à l'usage du matériel mécanisé. Ainsi plusieurs paysages coexistent parfois sur le même versant en s'influençant mutuellement.

Dans les vignobles en coteaux traditionnels, l'organisation du parcellaire, les aménagements et les techniques de travail du sol réussissent à limiter les effets de l'érosion.

– Dans les secteurs en pente faible, les parcelles sont grandes et étagées en larges gradins soutenus par des talus de terre sur lesquels des arbres et arbrisseaux plantés évitent l'entraînement de la terre par les eaux. Par leurs racines, ils ancrent le talus en profondeur, et constituent une trame soulignant les mailles du paysage. La longueur moyenne des parcelles varie entre 100 et 150 m. Les champs sont carrés ou rectangulaires.

– Dans les secteurs de pente moyenne à forte, les parcelles, petites, s'allongent dans le sens perpendiculaire à la pente et leur largeur excède rarement 20 à 40 m. Elles sont soutenues par des murettes en pierres sèches qui participent aussi à l'épierrement du champ.

– Dans les secteurs de pente très forte, les parcelles sont plus longues et, ce qui surprend souvent, orientées dans le sens de la pente, de façon à favoriser l'écoulement des eaux le long des sillons pour diminuer le risque de concentration du ruissellement et donc le ravinement. Elles sont également limitées par des murettes en pierres sèches.

Les vignobles célèbres de Tain-l'Hermitage ou de Banyuls représentent en France des exemples de tels systèmes complexes, où les diagonales des exutoires enrichissent l'aspect général horizontal et parallèle des terrasses, renforcé par le linéaire des rangs de vignes. Seuls quelques fonds de talweg non cultivés laissent s'épanouir une végétation spontanée. Cette architecture d'une monoculture exclusive donne une image de puissance et de travail mais aussi de vulnérabilité car l'expérience a appris qu'elle peut être ruinée par un effondrement du marché.

Mais dans bien des cas les paysages ont changé, des formes nouvelles apparaissent. La diminution de la main-d'œuvre sur l'exploitation, le développement de la mécanisation, l'agrandissement des parcelles ont conduit à une réduction des pratiques de gestion des terres et d'entretien du système hydraulique. Des essais sont entrepris pour limiter l'érosion sans pour autant construire ou reconstruire partout des murets en pierres sèches. Il n'y a pas, bien sûr, de solution unique, mais il semble pourtant que sur les pentes moyennes, d'excellents résultats soient obtenus avec des plantations le long des courbes de niveau, sur des terrasses soutenues par des talus enherbés. Les conclusions d'une étude sur la culture de la vigne en banquettes en Suisse romande indiquaient en 1981 :

« La culture de la vigne en banquettes, bien qu'encore très limitée, est en extension dans le vignoble de la Suisse romande. Cette technique nouvelle rend le travail moins pénible et assure une protection totale contre l'érosion. Toute précipitation, même faible, est retenue sur les replats et disponible pour la plante. Malgré cet avantage, il arrive que les plantations souffrent de sécheresse durant les premières années. Les jeunes racines se trouvent en effet près des talus qui sont très exposés aux risques de dessèchement.

Il n'existe pas en Suisse romande un système standard applicable à toutes les situations. Le choix concerne avant tout la largeur de la banquette en fonction de la mécanisation désirée. A chacune des méthodes, banquettes larges, banquettes étroites, correspond une série d'avantages et d'inconvénients. Les petits écartements exigent plus de main-d'œuvre et réduisent les possibilités de mécanisation mais mettent mieux en valeur le potentiel de production des vignobles. Avec des banquettes larges, la mécanisation au tracteur permet de réduire sensiblement les frais de culture. Ceci s'avère surtout intéressant pour des vignobles nouveaux situés en forte pente, où le prix de la production n'atteint pas celui de la vigne de coteaux plus renommés. On réussit ainsi à équilibrer les coûts de production et les prix de la vendange. »

En 1989, de telles banquettes se construisent en France dans des régions de vignobles aussi différentes que le Jura, l'Anjou, l'Alsace ou le Beaujolais, en même temps que s'expérimentent de nouvelles techniques de travail du sol et de désherbage beaucoup plus respectueuses de la vie de la terre. Parfois alternent également sur ces banquettes d'autres productions, comme des fruitiers.

En effet, après une période durant laquelle la puissance des bulldozers a laissé croire qu'il était possible de s'affranchir des contraintes naturelles, les viticulteurs d'aujourd'hui, comme leurs aînés, retrouvent dans la connaissance de la pierre, de l'eau et de la terre, leur véritable richesse. Ces éléments représentent la source de la vie, ils ne doivent pas être dilapidés mais, au contraire, soignés pour être transmis aux générations futures.

Les plus belles expériences réussies de remise en valeur de vignobles en terrasses ou de création de banquettes proviennent d'une bonne complémentarité entre deux types d'actions, collectives et individuelles, pour s'adapter au nouveau contexte rural caractérisé par la diminution considérable du nombre d'agriculteurs et l'utilisation croissante de la mécanisation.

La mobilisation du foncier, la création de nouveaux équipements hydrauliques, l'organisation du marché, la promotion des produits concernent tout autant la collectivité, quand il s'agit de l'entretien écologique ou paysager d'un territoire, d'un versant, d'un coteau, d'un cru, que l'agriculteur privé désireux de valoriser son outil de travail, ses parcelles, son revenu. Pour affirmer la cohérence indispensable entre les projets privés et publics, des conventions ou des chartes commencent à se mettre en place entre les collectivités et les agriculteurs, définissant les nouveaux droits et devoirs de chacun. La mise en œuvre et le respect de tels contrats devraient constituer un préalable à tout financement de caractère public.

Pour en savoir plus :

MURISIER (F.) – *La culture de la vigne en banquettes*, 1981.

Chambre d'agriculture de Saône-et-Loire – *L'érosion des sols de vignobles*, 1988.

1 – Beaumes-de-Venise (Vaucluse).
2 – Gigondas (Vaucluse), profondes ravines sur banquettes trop larges.

2

1 

1 – Beaumes-de-Venise (Vaucluse), Galinière, banquettes étroites.
2 – Rablay-sur Layon (Maine-et-Loire), banquettes étroites.

2

fleurs
fruits
légumes
terrasses irriguées

« Le ruisseau cesse de luire dans le lit pierreux du vallon, tari tout de suite qu'il est par les saignées qu'y pratiquent les propriétaires d'une infinité de jardinets dont les muraillettes en pierres sèches vont dégringolant la montagne. »

Paul Arène
« La Chèvre d'or »

<u>108</u> Bañalbufar
l'eau maîtrisée

Bañalbufar est un extraordinaire petit village accroché à la montagne de la côte ouest de l'île de Majorque. Collé à la pente, il apparaît comme un majestueux escalier de terrasses cultivées descendant jusqu'à la mer et largement ouvert vers elle. Longtemps il est resté très isolé, relié au reste de l'île par une seule route dangereuse. Son nom, aux consonances arabes, a attiré les historiens médiévistes cités plus haut, qui ont fait là leurs plus belles trouvailles. Pourtant, le premier à l'avoir découvert est Pierre Deffontaines, géographe du regard, passionné par le paysage, qui consacrera à ce village plusieurs dessins remarquables de précision et de sensibilité. Son fils, l'agronome Jean-Pierre Deffontaines réalise à Bañalbufar sa première étude, décrivant dans le détail le système agraire de ce village.

Un mur en pierre sèche délimite la forêt en altitude qui est utilisée pour le bois et l'élevage extensif de porcs. En dessous, jusqu'à la ligne des sources, s'étend la zone des cultures sèches, le « sécano », avec des prairies sous oliviers, des céréales sous amandiers et les élevages de moutons. Enfin plus bas, la partie irriguée, la plus spectaculaire, s'étage jusqu'à la mer avec ses minuscules champs en terrasses consacrés essentiellement au maraîchage : pomme de terre, oignon, pois chiche, et surtout la petite tomate de Ramallet, équivalente de la « Pendelotte » provençale. Tous les matins, de juillet à décembre, les hommes ramassent les tomates mûres, et les femmes, munies d'un fil et d'une aiguille, vont les enfiler une par une pour former un véritable chapelet, dénommé « rosario » ou « ramillet ». Ces rosarios, pesant autour de quatre kilos, sont pendus sous le toit des maisons. La culture intensive de ces tomates qui nécessite l'irrigation suppose un champ horizontal. Il a fallu construire 700 000 m² de murs s'étirant sur 200 km, 70 ha de murs pour 60 ha de cultures ! Ce sont les maçons appelés « maestros » ou « maîtres de la pierre » qui construisent les murs de terrasses, les aménagements hydrauliques et aussi les maisons. A partir des sources, l'eau est dirigée par un réseau très complexe de canaux gouttières et par un jeu de vannes vers les « tanques » ou « jafarechs », réservoirs cimentés d'une capacité moyenne de 900 à 1 000 m³, en général alignés le long d'une ligne de plus grande pente. On pouvait en compter 150 en 1960, soit l'équivalent d'une retenue de 150 000 m³ d'eau sur ce petit domaine. L'eau est la richesse de Bañalbufar

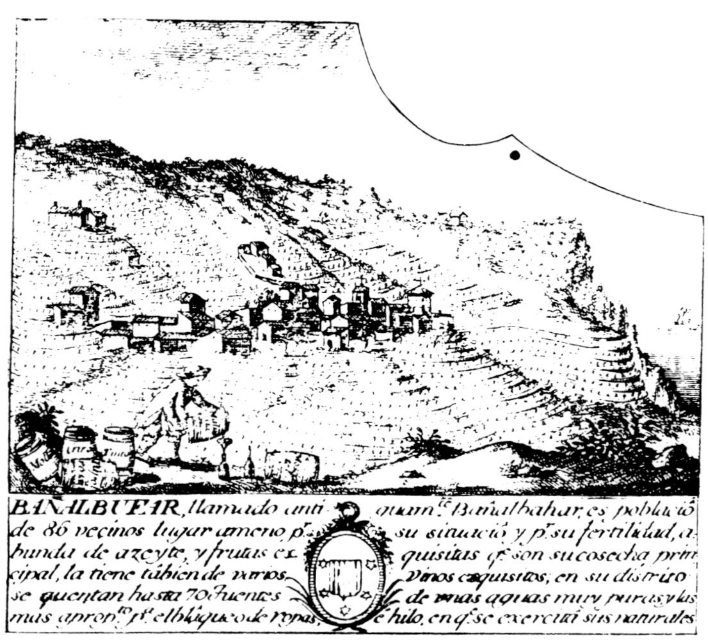

transformant ce village en une véritable « huerta ou jardin suspendu ». Si chaque exploitation possède « las escrituras » sur lesquelles sont notés les droits d'eau, aucune réglementation officielle n'existe ni aucun document public. On comprend mieux par cet exemple les difficultés des historiens qui bien souvent ne retrouvent aucune trace écrite de la présence des terrasses dans les archives communales.

Bañalbufar représente un exemple particulièrement achevé d'un paysage de terrasses irriguées. Le système de production d'un village entier a pu évoluer et se renouveler depuis le Moyen Age en conservant un haut degré d'intensification. Par une longue maîtrise de l'équilibre entre l'élevage et l'agriculture, les paysans ont su maintenir la fertilité de leur sol sans apport extérieur d'engrais, ni de capitaux. L'historienne Marie-Antoine Carbonero citait cette région comme un modèle d'adaptation écologique. Il servira de référence pour l'analyse des exemples suivants d'agriculture intensive sur terrasses irriguées.

Pour en savoir plus :

BAZZANA (A.) et al. – *Op. cit.*

DEFFONTAINES (J.-P.) – *Une huerta de littoral montagnard : Bañalbufar*, 1960.

Double page précédente : Saint-André-de-Majencoules (Gard), Les Pauses.

1 – Pierre Deffontaines, Bañabufar (Majorque), 1963.
2 – Illustration d'une carte de Majorque réalisée par Joseph Mantaner, 1785, exposée à la Cartoixa de Valdemossa (Majorque).
3 – Pierre Deffontaines, Bañalbufar (Majorque), terrasses de cultures de primeurs : tomates et pommes de terre, 1956.
4 – Pierre Deffontaines, Bañalbufar (Majorque), terrasses de cultures à tomates et vigne, 1951.

Côte d'Azur
fleurs à parfums, fleurs à bouquets

Le climat particulièrement ensoleillé et l'abondance d'eau provenant des montagnes toutes proches ont fait de la Côte d'Azur un lieu privilégié pour la culture de plantes exotiques ou fragiles. Dès le XVIe siècle, Grasse est devenue la capitale des parfums alors que Nice attend la fin du XIXe siècle pour s'imposer comme la capitale des fleurs. Pourtant de nos jours sur la Côte d'Azur, l'importance de l'horticulture diminue.

Les plantes à parfum comportent essentiellement quatre espèces produites dans un secteur d'environ 20 km du nord au sud entre la côte et les montagnes et 50 km d'ouest en est, de Fayence (Var) à Saint-Jeannet (Alpes-Maritimes). Il s'agit du bigaradier ou oranger amer, cultivé pour sa fleur, de la rose de mai, du jasmin et de la feuille de violette. Progressivement, les producteurs locaux ont perdu le monopole de l'approvisionnement des parfumeries grassoises. Le rachat de celles-ci par des multinationales qui se fournissent pour l'essentiel à l'étranger tout en profitant du renom de la région rend les horticulteurs encore plus soumis à la concurrence étrangère. L'impact des terrasses fleuries sur le paysage se réduit avec la diminution du nombre de paysans et de parcelles cultivées.

Dans le domaine des fleurs à bouquets, les horticulteurs ont cherché à réagir en modernisant leurs exploitations. A partir des années 1950, l'œillet américain remplace l'œillet niçois. C'est l'origine d'une véritable révolution technique et paysagère car il doit être cultivé sous serres. Sur les anciennes terrasses, les bulldozers entaillent davantage en amont, remblayent en aval et créent des talus de plusieurs mètres de hauteur pour soutenir des banquettes larges de 10 à 30 mètres. Les collines niçoises prennent ainsi leur visage actuel, paysage éclaté d'une horticulture industrielle poussée à comparer ses profits à ceux réalisés par les promoteurs immobiliers. Chaque averse un peu exceptionnelle provoque alors de forts ravinements et fait craindre des glissements plus importants, très dangereux dans une zone aussi densément habitée. Les serres dont les toitures en verre reflètent durement le soleil sont, pour le visiteur, des bâtiments au milieu d'autres bâtiments masquant la beauté du paysage ancien et les fleurs merveilleuses qui continuent cependant d'y pousser.

Pourtant, certains agriculteurs ont pris des voies différentes. Pour conserver le mode de vie qu'ils se sont choisi, ils tentent de tirer profit au maximum des avantages liés aux terrasses du point de vue technique et commercial. Ainsi à Saint-Cézaire-sur-Siagne, le père et le fils exploitent 2,5 hectares de terrasses dont un dixième est consacré à la production de « roses de Noël » ou éllébores. Pour le fils qui avait suivi un enseignement supérieur non agricole, il s'agit réellement de mettre en pratique sa conception de la vie. De son point de vue, il vaut mieux développer l'originalité d'une production artisanale bien conduite, plutôt que de chercher à se calquer sur le modèle industriel sans en avoir la puissance financière. La grand-mère avait reçu le premier plant d'éllébore et, année après année, cette culture est devenue une spécialité familiale. Fruits, légumes et olives occupent le reste des terres et sont largement autoconsommés.

L'installation d'un système d'irrigation fertilisante en goutte à goutte réduit au plus juste la consommation en eau, particulièrement chère dans cette région. La reproduction des plants, longue et délicate, ainsi que leur rareté limitent actuellement le nombre des producteurs français à une dizaine de spécialistes, tous localisés dans les Alpes-Maritimes. Sous ce climat, il n'est pas nécessaire de chauffer ni de forcer les plants sous serres, ce qui diminue d'autant les charges de production. Par contre, des ombrières légères doivent protéger les fleurs des rayons du soleil trop vifs. Exclusivement exportée en Allemagne où il est de tradition d'offrir ces fleurs pour Noël, la production reste inférieure à la demande et cette situation assure un revenu satisfaisant à deux familles.

1 – Carqueiranne (Var), Les Canebas.
2 – Tanneron (Var), au premier plan : plantations d'eucalyptus.
3 – Saint-Jeannet (Alpes-Maritimes).

1

2

3

1 – La Gaude (Alpes-Maritimes).
2 – Grasse (Alpes-Maritimes).
3 – Côte d'Azur, cueillette des violettes.
4 – Côte d'Azur, distillation de la lavande.
5 – Tourrette-sur-Loup (Alpes-Maritimes), montage des serres pour la culture des violettes.
6 – Le Tignet (Alpes-Maritimes), roses de Noël sous ombrières.
7 – Tourrette-Levens (Alpes-Maritimes), culture de tomates sous serre.

1

2

3

4

5

6

7

1

L'agriculture biologique
fruits et légumes

Le département des Alpes-Maritimes a connu des époques de forte production agricole liée à la présence d'une population importante dans la zone montagneuse. Aujourd'hui son économie est essentiellement tournée vers le tourisme d'été sur la zone côtière avec une agglomération quasi continue sur plus de 70 km, de Cannes à Menton, et vers le tourisme d'hiver avec des stations comme Auron, Isola 2000, Valberg... L'agriculture y représente un poids devenu presque négligeable sur les plans économique et politique. Alors que bien des agriculteurs, jeunes et moins jeunes, cherchent à s'agrandir ou à s'installer, les terrains agricoles facilement mécanisables des fonds de vallée sont accaparés par la spéculation immobilière et touristique. Routes, autoroutes, lotissements, campings, entrepôts et supermarchés confinent l'agriculture sur les pentes, lui imposant pour se maintenir de trouver des solutions modernes à l'exploitation des terrasses.

C'est à trois quarts d'heure de Nice, dans la vallée du Paillon, que nous avons rencontré Christian Perrin, installé avec son épouse depuis 1976 sur une exploitation de 2,7 ha, héritée de son père. Il possède une vingtaine de poules pondeuses et produit des légumes de saison sur les 5 000 m^2 des terrasses irrigables les plus larges (supérieures à 3 m). Le reste de la surface, composé de terrasses très étroites, est planté d'arbres fruitiers pour la consommation familiale (oliviers, abricotiers, cerisiers, pruniers). La monoculture de la vigne est bien loin. En effet, ce système mixte associe maraîchage, arboriculture et élevage ; il est très proche de celui qui a vu la création des terrasses : seules les céréales ont totalement disparu. Soucieux de produire des aliments de qualité et de ne pas nuire à l'environnement, Christian Perrin a choisi depuis son installation, d'utiliser des techniques agrobiologiques.

Les accès étroits ne permettent pas toujours d'arriver aux terrasses avec une remorque. Leur disposition empêche les demi-tours et impose des manœuvres difficiles et des détours importants. Christian Perrin souhaiterait pouvoir les modifier, mais le temps lui manque, comme pour l'entretien plus régulier des murettes qui sont simplement débroussaillées. Un petit tracteur à chenilles, très maniable, permet le travail sur les terrasses, et un vieux tracteur à roues assure les transports sur route et le chargement du compost. Cet équipement est un pis-aller, un matériel mal adapté, conçu pour d'autres usages, mais avec lequel le travail mécanique des terrasses est possible de façon assez satisfaisante. Comme sur la quasi-totalité des exploitations en terrasses, les travaux courants sont motorisés, malgré l'absence de matériel réellement adéquat et en dépit des rumeurs largement répandues dans le monde agricole selon lesquelles « ça n'est pas mécanisable ».

Les sources remplissent un bassin d'où part le réseau d'arrosage par aspersion d'une bonne partie des terrasses. Les plus hautes nécessitent l'usage d'une pompe. Des rampes oscillantes répartissent mieux l'eau sur les surfaces rectangulaires de chaque culture que des arroseurs classiques.

Toute la production est commercialisée au détail sur le marché municipal de Nice, 4 à 5 fois par semaine en été, 2 fois en hiver. Christian Perrin insiste sur le fait que c'est ce mode de commercialisation qui rend l'exploitation viable par une bonne valorisation des produits. Une importante aide à la vente a été obtenue grâce au label Nature et Progrès. Pour l'obtenir, l'agriculteur s'est engagé à respecter un cahier des

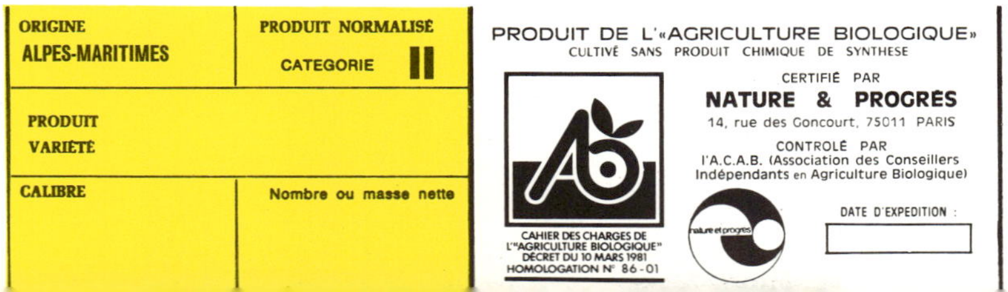

charges imposant l'utilisation des techniques propres à l'agriculture biologique et il subit chaque année un contrôle dans ce sens. Au prix de ces contraintes techniques, il bénéficie d'un réseau de commercialisation, et de l'impact de la garantie offerte aux consommateurs d'une production contrôlée par un organisme indépendant, qui certifie en particulier le non-emploi de produits chimiques de synthèse (engrais et pesticides). Il peut donc répercuter sur ses prix de vente les surcoûts consécutifs à la recherche de cette « qualité biologique » officiellement reconnue (1). L'agriculture biologique est l'un des très rares secteurs où la demande dépasse l'offre. Cette demande pourrait certainement augmenter encore si qualité biologique et qualité gustative allaient toujours de pair. Elle toucherait alors un public plus large, tous les amateurs de bonne cuisine. Dans ce sens des efforts particuliers d'identification, de présentation, sont encore à faire.

Cependant, ces considérations économiques, pour indispensables qu'elles soient, ne sont pas suffisantes pour expliquer la volonté farouche de nombre de ces agriculteurs. Ainsi Christian Perrin ressent-il une satisfaction considérable à entretenir sans l'épuiser un terrain que, selon lui, peu de gens voudraient travailler et qui constitue un patrimoine personnel, mais aussi collectif. Cette réflexion est à rapprocher de celle d'un autre jeune agriculteur, plus en altitude, qui évoque la qualité des paysages et les aigles qui planent au-dessus de sa tête pour expliquer sa détermination à « vivre au pays ».

(1) Suite à la loi d'orientation agricole du 4 juillet 1980, les cahiers des charges de l'agriculture biologique sont soumis à homologation par arrêté interministériel. Celui de Nature et Progrès a été le premier à recevoir cette homologation, le 9 juin 1986.

2

3

4

5

1 – Luceram (Alpes-Maritimes).
2 – Arrière-pays niçois (Alpes-Maritimes).
3 et 5 – Les Ollières (Ardèche), culture de kiwis biologiques.

4 – Sigale (Alpes-Maritimes), petit tracteur à chenille.
6 – La Roquette (Alpes-Maritimes), bassin d'arrosage.

6

1

Les « traversiers solaires »

Quelle que soit l'appréciation que l'on porte sur leur impact paysager, les serres sont incontestablement des outils performants pour l'agriculteur. Grâce à elles, quelques semaines décisives peuvent être gagnées dans la production de plants maraîchers et horticoles. La régulation, nécessaire pour obtenir une température la plus constante possible, impose cependant des dépenses importantes en énergie, qui augmentent avec l'altitude et la rigueur du climat. En demi-saison et en hiver, il est souvent nécessaire de chauffer pendant la nuit et de ventiler dans la journée, ce qui grève lourdement les budgets des cultures sous serres. Des recherches ont été entreprises depuis la crise pétrolière des années soixante-dix pour concevoir des systèmes plus économiques de régulation thermique en utilisant l'effet « de masse thermique » de certains matériaux, capables de stocker des calories en période chaude et de les restituer à l'air ambiant en période plus froide. Par exemple l'eau dans de simples bidons peut suffire.

Serge Jauré, un jeune architecte installé au Vigan, dans le Gard, a imaginé de valoriser les terrasses de cette région en s'appuyant sur ce principe. Dans les serres classiques, « chapelle » ou « tunnels », la paroi nord, n'étant jamais exposée au rayonnement solaire, ne joue aucun rôle dans l'effet de serre. Mais elle participe aux pertes thermiques. Adosser la serre à un mur permet à la fois de supprimer ces pertes et de diminuer la quantité de matériaux nécessaire à la construction. L'importante masse de pierre et de terre chauffée pendant la journée sert de volant thermique et remplace avantageusement l'eau ou les matériaux à chaleur latente trop coûteux.

Les mesures effectuées dans une serre expérimentale de ce type ont montré que, même durant l'hiver particulièrement rigoureux de 1985, sans aucun chauffage d'appoint, la température était toujours restée positive. Pour permettre à cet investissement de rester à la portée de petits agriculteurs de montagne disposant de peu de capitaux, Serge Jauré imagina un modèle de serre à ossature en bois, autoconstructible et finalement peu coûteux qu'il dénomma « traversier solaire ». En 1989, une vingtaine de ces serres de 100 m² chacune sont réalisées ou en construction. Le nombre de ces réalisations doit rapidement doubler dans le cadre

2

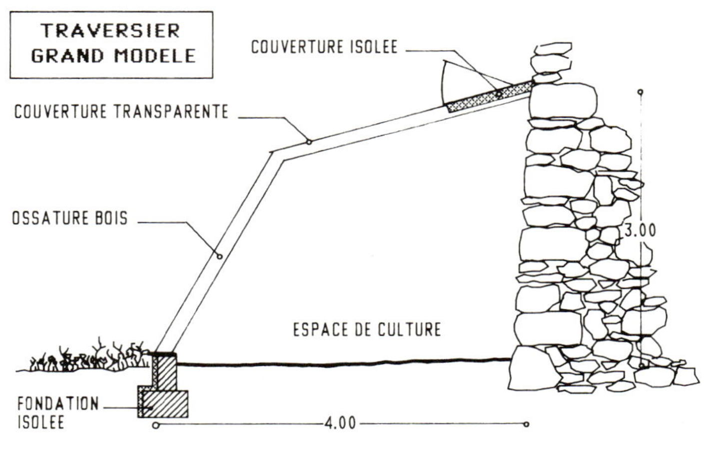

3

1 – Le Vigan (Gard), serre bioclimatique.
2 – Plaquette de présentation du projet « traversiers solaires ».
3 – Coupe d'une serre bioclimatique.

d'un programme expérimental soutenu par différentes administrations publiques, notamment européennes, intéressées par les développements éventuels d'une telle initiative. Ces traversiers solaires devraient apporter un complément de revenu confortable pour les exploitations qui les utiliseront avec discernement pour des productions de qualité.

Ainsi, des solutions techniques répondent aux problèmes posés aux agriculteurs en terrasses, dès qu'ils s'associent à des techniciens astucieux, au fait des besoins de ces régions et des technologies modernes.

4 – Le Vigan (Gard), serre en construction.
5 – Le Vigan (Gard), intérieur d'une serre bioclimatique.

4

5

1

La vallée de l'Eyrieux
au pays des pêches et des châtaignes

Dès 1982, sans attendre les résultats de l'étude de l'I.N.R.A., la région Centre-Ardèche, autour de la vallée de l'Eyrieux, met en place un contrat de pays et engage un ingénieur agronome : Jean-Luc Piolet. Une commission agricole est constituée, regroupant des agriculteurs et des élus des communes concernées.

En 1983, la commission agricole incite 22 agriculteurs à expérimenter des cultures nouvelles (mûres, crosnes du Japon, fleurs séchées, feijoa...) pour diversifier les productions sur les terrasses. La Chambre d'Agriculture n'ayant pas alors de conseiller agricole sur ce secteur, c'est un bureau d'études paysagiste qui assure l'encadrement et le suivi des expérimentations. Celui-ci s'occupe d'obtenir des plants, veille à ce que les travaux soient réalisés aux périodes voulues et conseille les agriculteurs.

En 1987, le bilan tiré de ces premières années d'essais fait apparaître que les petits fruits, et notamment la mûre, continuent d'être cultivés car une coopérative locale a pu incorporer cette nouvelle production dans sa politique de commercialisation. D'autres produits comme le crosne du Japon ou les fleurs séchées sont encore cultivés par quelques agriculteurs isolés qui en assurent eux-mêmes la vente. Quant au feijoa, fruit d'origine australienne, il n'a pas résisté aux hivers particulièrement rigoureux de cette période.

Cette opération dont les résultats ont été partiellement positifs n'a constitué qu'un seul volet de la politique menée par la commission agricole pour tenter de conforter ou d'installer des agriculteurs dans cette région difficile. Les châtaigniers qui apportent un revenu complémentaire quasi systématique sont traités contre le chancre qui attaque les vergers. Enfin, une animation foncière importante prenant appui sur une Opération Groupée d'Aménagement Foncier et relayée par une Opération Programmée d'Amélioration de l'Habitat a aidé à regrouper les terres libérées et à offrir des bâtiments et des logements aux jeunes agriculteurs. Finalement, 45 nouveaux paysans se sont installés en trois ans sur ces trois cantons.

2

De cette politique, particulièrement intéressante car appliquée à toute une petite région, il est possible de tirer quelques enseignements.

Tout d'abord, dans de telles régions, éloignées des centres urbains, il est encore possible pour un jeune agriculteur sans beaucoup de capital de s'installer. Les organismes agricoles se mobilisant sur la restructuration foncière peuvent réellement jouer leur rôle en faveur du développement. Face à la réalité des choses, les propriétaires se laissent de plus en plus convaincre de donner leurs terres à travailler, pour un faible loyer, plutôt que de les laisser en friche se dégrader.

Les espoirs mis dans une diversification importante des cultures n'ont pas été totalement couronnés de succès. Aux difficultés techniques d'adaptation de certaines plantes étrangères s'ajoutent les problèmes de commercialisation auxquels les agriculteurs ne sont pas toujours préparés. Aussi, les agriculteurs en terrasses doivent chercher à se démarquer de ceux qui sont en plaine par la qualité des produits. Dans un contexte de saturation des marchés, une nouvelle conception de la compétitivité se fait jour, fondée sur la nature même des produits et non plus seulement sur la quantité produite. Prenant exemple sur ce qu'ont réussi dans d'autres régions les viticulteurs avec les appellations d'origine contrôlée, les agriculteurs de la vallée de l'Eyrieux voudraient faire reconnaître la qualité de leurs fruits et légumes, notamment le goût original de la pêche et de la châtaigne de l'Eyrieux. Une telle orientation conduirait les agriculteurs à se conformer à un cahier des charges strict concernant les variétés cultivées et les techniques employées, et à obtenir une marque ou un label reconnu. Elle contribuerait également à préciser aux yeux de la clientèle touristique l'image et l'identité de la région de l'Eyrieux. Une partie des vacanciers actuellement orientés vers les gorges de l'Ardèche, saturées en été, pourrait venir visiter cette vallée qui possède des paysages encore entretenus et de toute beauté.

3

1

2

On peut ainsi multiplier les exemples qui conduisent sensiblement aux mêmes conclusions.

Une image de qualité

La terrasse constitue un terroir agricole spécifique, logiquement orienté vers les productions de qualité à haute valeur ajoutée. Par leur micro-climat et leur exposition (abri du vent, ensoleillement, accumulation thermique...), les sites en terrasses apparaissent bien adaptés à une production agricole typée. Or les produits alimentaires régionaux haut de gamme, naturels, constituent un marché en expansion. Encore faut-il assurer l'identification, la personnalisation de tels produits jusqu'au consommateur. Un gros effort de connaissance de la demande, de présentation du produit, d'appellation, de communication, de création de circuits commerciaux spécifiques, et de façon plus générale de « marketing » s'avère indispensable.

Une agriculture moins standardisée et plus « technique »

Les coûts de la production agricole sur terrasses resteront plus élevés qu'en plaine mais il est possible de réduire cet écart par une amélioration des conditions de production : agrandissement des voies d'accès (pour permettre la circulation des engins), recours à une mécanisation adaptée, irrigation, etc.

Il est donc possible de créer, sur terrasses, des exploitations rentables, si évidemment les choix techniques, économiques et commerciaux de l'exploitant sont pertinents. Les sites en terrasses peuvent ainsi se prêter à l'installation de jeunes agriculteurs, mais il convient auparavant de libérer l'accès au foncier par des actions de négociation.

Un nécessaire rééquilibrage de la politique agricole

Les agriculteurs des régions de terrasses ne sont pas à égalité avec les autres, en particulier sur le plan technique. Les programmes de recherche et de développement agricole ne concernent pratiquement pas les productions spécifiques à ces régions.

Ainsi le châtaignier, qui offre pourtant de bons débouchés commerciaux, ne bénéficie pratiquement plus de recherches concernant les maladies qui le frappent alors qu'il couvre encore 500 000 ha en France. Par ailleurs les arboriculteurs et les horticulteurs sont moins concernés que les éleveurs par les aides apportées dans le cadre de la politique de soutien à l'agriculture de montagne. Ces agriculteurs sont ainsi doublement pénalisés : par les conditions naturelles, plus difficiles qu'ailleurs, et par le fait qu'ils ne reçoivent pas l'appui logistique, technique et commercial de l'État, au même titre que ceux des autres régions. On comprend mieux alors cette remarque d'une jeune agricultrice en Ardèche qui demandait la suppression totale des aides à l'agriculture car, dans les conditions actuelles, l'accès au jeu de la libre concurrence lui était concrètement refusé ; pour elle actuellement, les dés sont pipés. On comprend mieux aussi, après ces quelques visites, combien les responsables agricoles de notre pays trouveraient avantage à rechercher, auprès des paysans des terrasses, des valeurs et des connaissances pour assurer l'avenir de l'agriculture.

Une réponse partielle à la valorisation des terrasses

L'agriculture intensive, mais de haut de gamme, scrupuleusement respectueuse de l'environnement, ne pourra concerner qu'une minorité des terrasses existant actuellement en France : bonne exposition, proximité des lieux de commercialisation, notoriété, facilité d'accès. Pour les autres sites, il faut trouver d'autres solutions.

Mais avant de revenir sur des expériences de remise en valeur, il faut examiner ce qui se passe lorsque les terrasses sont abandonnées et que la « nature » retrouve tous ses droits. Les naturalistes qui observent la faune et la flore sauvage trouvent dans ces lieux de quoi satisfaire leur passion.

Double page précédente :
1 et 2 – Vallée de l'Eyrieux (Ardèche).
3 – Gluiras (Ardèche).

1 et 2 – Les Ollières (Ardèche), pêchers en agriculture biologique.
3 – Saint-André-de-Majencoules (Gard), Les Pauses.

3

1

Flore et faune sauvages

En créant pour la production agricole des milieux artificiels en terrasses, l'homme offre également un habitat favorable au développement d'un certain nombre d'espèces « sauvages » qui occupent les murs et leurs abords lorsqu'ils sont abandonnés, et même plus discrètement, lorsque les terrasses sont cultivées. Les fleurs qui colorent dès le printemps le moindre espace ou recoin non désherbé sont les parures les plus visibles quand elles cascadent le long des murets et s'incrustent partout où la pioche ne peut les atteindre.

La pierre des murs, minéral à l'état brut, constitue un support inhospitalier pour les végétaux supérieurs. Cependant, des formes de vie végétale typiques, modestes, discrètes, s'y installent, se satisfaisant de peu. Les murs sont en effet le lieu de prédilection des lichens, capables de survivre dans les conditions de vie les plus dures et les régions les plus variées. Ils doivent leur capacité de survie à leur nature, puisqu'un lichen est une association étroite à profit réciproque entre un champignon et une algue : l'un profite des substances organiques que synthétise l'autre grâce à sa chlorophylle et lui fournit le milieu humide indispensable. Ces sortes de croûtes se confondant avec la pierre jettent sur sa teinte originelle une multitude de nuances allant du blanc au noir en passant par les couleurs les plus vives. Les plus vieux murs offrent avec la patine du temps un choix très varié de jaunes, orangés, etc. Les diverses espèces présentent des aspects très différents de forme, de taille, de coloration, d'aspect. Très sensibles aux moindres variations du milieu, elles composent des mosaïques d'une grande variété selon l'ensoleillement, l'humidité, la composition chimique du support, les combinaisons de ces différents facteurs. Ainsi, les supports calcaires porteront essentiellement des lichens blancs, noirs ou orangés alors qu'une roche acide (non calcaire) se parera plutôt de gris, jaunes, verts ou marrons. La couleur de la pierre est le plus souvent celle des végétaux qu'elle porte.

Ces pionniers favorisent une accumulation de matières organiques sur des substrats totalement minéraux qui ouvrent la voie à l'installation de végétaux plus exigeants, à commencer par les bryophytes telles que la délicate hépatique ou les mousses.

Elles sont les premières à s'installer, quand la présence d'eau le permet, et elles entrent parfois en compétition avec les lichens. Si les expositions nord leur sont plus favorables, grâce à l'humidité qui y règne, on en rencontre cependant aussi sur les versants exposés au sud. Elles sont généralement reviviscentes, c'est-à-dire qu'elles supportent de longues périodes sans eau, paraissant desséchées, mais reprennent vie au retour de l'humidité.

Les plantes supérieures, dites vasculaires, nécessitent la présence de terre constituant un sol au sens agronomique du terme. Même réduits, les interstices entre les pierres en offrent suffisamment pour que s'y installe une flore complexe et spécifique avec des groupements végétaux particuliers dits « rupicoles ». On trouve dans ces associations végétales toutes sortes de plantes, mais certaines sont particulièrement caractéristiques ; nous citerons deux petites fougères :
- le capillaire doré,
- le capillaire noir,

ainsi que deux plantes grasses de la famille des crassulacées :
- les orpins,
- le nombril de Vénus.

Lorsque l'humidité est suffisante, d'autres espèces s'installent facilement, par exemple :
- les pariétaires,
- le lilas d'Espagne,
- la garance voyageuse.

L'abandon des terrasses et de l'entretien permet à une végétation plus importante de s'implanter dans les

2

4

5

6

7

8

1 – Olivier et lilas d'Espagne.
2 – Lichens.
3 – Orpin.
4 – Capillaire doré.

5 – Capillaire noir.
6 – Garance voyageuse.
7 – Bouquet de saponaire et à gauche, nombrils de Vénus.
8 – Pariétaire.

murs grâce à l'accumulation de terre entre les pierres qui se disjoignent et aussi parce que les plantes ne sont pas contrariées par les interventions humaines. C'est ainsi que peu à peu les végétations d'amont et d'aval colonisent le mur lui-même. Le chêne kermès et l'yeuse ou chêne-vert poussent à travers les murs jusqu'à les déstabiliser et provoquer l'éboulement. Le chêne pubescent, compte tenu de son aptitude à coloniser les sols profonds, trouve sur les terrasses abandonnées un terrain particulièrement favorable. Les pins, rares dans les murs, poussent fréquemment sur les terrasses en friche. Leurs racines provoquent les mêmes dégâts.

Tout le cortège des plantes de la garrigue méditerranéenne ou du maquis gagne les espaces délaissés par l'homme et les plus rustiques des végétaux envahissent les murs. La reconquête se fait par des strates de plus en plus hautes, à partir de la pelouse herbacée dont la durée est parfois prolongée quand un pâturage extensif ralentit l'implantation des arbustes, puis des arbres. L'évolution est très souvent perturbée soit par l'érosion qui ôte au sol les ressources en fertilité nécessaires pour porter une végétation haute, soit par le feu. En été, toutes les formations végétales méditerranéennes non entretenues sont menacées. Les pelouses sèches des friches brûlent comme du papier et les plantes aromatiques qui les parsèment ne font que favoriser le feu. De même, tous les arbrisseaux se transforment rapidement en torches (genêts, ajoncs, genévriers, romarins, cistes...) et, bien sûr, les pins sont un aliment de choix offert à l'incendie. L'extension des espaces incultes et surtout leur embroussaillement sont des facteurs de propagation des incendies dans la région méditerranéenne.

Les murs hébergent aussi une faune particulière, d'autant plus discrète qu'il s'agit essentiellement d'animaux silencieux et de petite taille. De nombreux lézards font leur gîte dans les trous des murs et il est facile d'en voir en été guetter leurs proies sur les pierres faîtières. Le plus courant est le lézard des murailles, mais le lézard vert et le splendide lézard ocellé, plus méfiant, sont aussi fréquents dans les zones méditerranéennes. On pourra rencontrer le seps, curieux lézard aux pattes minuscules et pourtant agile. Les serpents, plus discrets, sont également présents. La couleuvre de Montpellier et la couleuvre à échelons sont sûrement les plus nombreuses sous nos climats. Farouches, elles se montrent peu, mais leurs mues, retournées en doigts de gant, restent souvent accrochées aux herbes sèches. N'oublions pas la vipère aspic, si redoutée, mais si craintive qu'on ne la voit pratiquement jamais. Les coteaux secs et pierreux constituent l'un de ses habitats de prédilection, on pourrait donc en trouver sur certaines parcelles à l'abandon.

Lorsque les points d'eau, même temporaires, existent, des batraciens en profitent et se multiplient. Il s'agit le plus souvent d'espèces supportant une période de sécheresse relative comme la salamandre commune, la rainette méridionale et le crapaud commun.

Il n'est pas possible de passer sous silence l'importante faune entomologique qui vit dans les murs et leurs abords. Les insectes et autres arthropodes de la garrigue trouvent sur les coteaux abandonnés les caractéristiques idéales de leur habitat favori. Les terrasses cultivées procurent à d'autres espèces, parasites ou auxiliaires, le gîte dans les murs et le couvert dans les cultures. Les coccinelles, qui cherchent pour passer l'hiver des sites pierreux et rocheux d'altitude moyenne à élevée, aux variations thermiques faibles et sans eau stagnante, s'y abritent, ainsi que quantité d'autres prédateurs comme les carabes ou les araignées.

Enfin les gastéropodes ne doivent pas être oubliés, les trous des murs offrent un habitat apprécié à un certain nombre d'espèces dont les plus répandues sont l'escargot peson, non comestible, et l'escargot petit-gris, comestible, particulièrement apprécié. Ce dernier a parfois été indirectement responsable de dégradations infligées aux murs de soutènement puisque, selon certains témoignages, des murs ont été démontés, lors de la dernière guerre, pour y rechercher les escargots qui s'y logeaient pour l'hiver.

La présence de cavités dans les murets attire de nombreuses espèces d'oiseaux pour y nicher : mésanges, rouges-queues, parfois bergeronnettes, mais aussi des rapaces nocturnes comme la chouette chevêche et le hibou petit duc. Des petits mammifères choisissent aussi ces habitats. Il s'agit d'une part de mustélidés : belettes ou fouines, d'autre part, de rongeurs, souris ou mulots, loirs ou lérots qui trouvent là un bon gîte pour leur sommeil hivernal.

Les points d'eau permanents aménagés comme les citernes ou les mines sont autant d'habitats refuges pour toute une faune en particulier cavernicole.

Les sites de terrasses sont des habitats favorables pour les espèces menacées d'extinction. Dans une perspective de gestion des milieux, il peut être localement opportun, les études nécessaires étant faites, de maintenir un site de terrasses en état, par exemple, de friche herbacée parce qu'une espèce animale ou végétale y a trouvé un refuge particulièrement adapté.

D'autre part, la protection des animaux auxiliaires de l'agriculture est si importante que, en Suisse, où la conscience de ces problèmes est déjà répandue, le très officiel Service des Améliorations Foncières du canton de Vaud propose, avec ses plans et abaques pour la construction de murs de soutènement dans les vignobles, un plan de « barbacane-nichoir » pour les petits passereaux susceptibles d'y nicher.

1 – Chouette chevêche.
2 – Crapaud accoucheur.
3 – Bergeronnette des ruisseaux.
4 – Seps strié.
5 – Lézard des murailles.

1

2

3

4

5

élevage et forêt

Les exemples précédents ont présenté des expériences d'agriculteurs décidés à se maintenir dans ces régions difficiles en profitant au maximum des potentialités agronomiques et commerciales des terrasses. Pourtant l'agriculture ne pourra à elle seule suffire, dans le court terme, à résoudre l'ensemble du problème. De tous ces paysages, résultat du travail manuel considérable d'une civilisation paysanne développée, il ne reste bien souvent que des bribes, des lambeaux.

Progressivement, toute l'architecture se dissout au milieu des pierres ou dans la végétation pour réapparaître l'hiver quand la neige, écrasant les plantes herbacées, souligne d'un trait blanc les banquettes, sans pouvoir s'agripper aux pierres plus foncées des murs en partie éboulés. On la redécouvre également après les incendies, se révélant alors en négatif, végétation noircie et pierres toutes blanches, comme un reproche. Que faire de tous ces espaces abandonnés ? Il serait vain d'espérer conserver ces paysages en l'état alors que la population agricole s'amenuise encore, aussi l'élevage associé à la forêt apparaît-il, à première vue, comme une solution.

1

Parc des Cévennes :
des porcs au service du paysage

Le porc gascon figure parmi les races porcines indigènes en voie de disparition que l'Institut Technique du Porc s'efforce de relancer ou du moins de préserver. C'est un animal rustique et vigoureux, qui supporte bien la chaleur et les coups de soleil mais dont la croissance est relativement lente. On dénombre dans les Cévennes 8 éleveurs de porc gascon dont un jeune couple installé à la « Cabane » (commune de Saint-Privat de Vallongue) depuis 1984 ; cet élevage ne constituait qu'une de leurs activités, ce qui assura d'ailleurs la survie de l'exploitation. Les porcs, laissés en liberté sur les terrasses dans un espace clos, se nourrissaient notamment de châtaignes et, en même temps qu'ils cherchaient leur pitance, ils réalisaient un travail remarquable de défrichage, grâce à leur tempérament fouisseur. Le troupeau a atteint une cinquantaine d'unités avant d'être décimé par le froid et la faim lors d'un hiver exceptionnellement rigoureux.

L'échec de cette expérience est très regrettable mais comme toujours son analyse est instructive :

– La chair du porc gascon élevé dans la nature est incomparablement plus savoureuse que celle d'un autre cochon tel que le Large White élevé en porcherie industrielle ; la valorisation de cette différence n'a pas eu lieu par manque de moyens d'information.

– Il y eut aussi cet hiver fatidique durant lequel il fallait monter la nourriture aux animaux en s'enfonçant dans la neige, faute d'avoir en plaine un autre pâturage moins exposé.

Comme réussite on peut évoquer l'exemple du Cerdo Iberico que le ministère de l'Agriculture espagnol s'est efforcé de développer en Estramadure. Il s'agit d'une race de porc indigène bien particulière, dont l'aspect rappelle d'ailleurs le gascon, élevée en liberté dans les forêts de chênes. Les pouvoirs publics et l'interprofession ont fait un gros effort de différenciation du produit et de communication. Ils ont ainsi défini un label de qualité avec cinq niveaux. Le succès a couronné les efforts puisque le Cerdo Iberico représente déjà 5 % de la production porcine espagnole. A quand un label pour un porc gascon nourri aux châtaignes ?

Un autre éleveur de porcs gascons a trouvé une solution pour mieux vendre ses animaux. Élevés en liberté dans un grand parc d'une centaine d'hectares, les porcs trouvent eux-mêmes leur nourriture sans aucun apport d'aliments concentrés ou de farine. Ces conditions d'élevage les mettent en conformité avec la demande de certains consommateurs, qui mangent exclusivement des produits crus et non transformés. Encore marginal, ce type d'alimentation peut constituer un marché nouveau en réaction directe contre les viandes provenant d'élevages industriels et contre les conditionnements subis par les aliments qui seraient cause d'une partie des maladies dites « de civilisation ». Le prix que consentent à payer tous ceux qui recherchent des produits sains, non transformés, non pollués, est bien entendu plus élevé, ce qui assure la rentabilité de cette production pour l'éleveur. Une partie importante du travail de celui-ci consiste à entretenir au mieux les châtaigniers dont les fruits sont la base de l'alimentation des cochons. Sans vouloir généraliser cette solution, il est prévisible que le marché de la viande de qualité ira se développant.

L'impact de ces nouvelles formes de production sur le paysage peut être important car elles sont fondées sur des principes de diversité, de recherche d'associations végétales et animales, sur une connaissance plus précise du territoire et de ses potentialités, et sur une moindre dépendance par rapport au secteur amont, en ce qui concerne l'approvisionnement en engrais, pesticides et aliments concentrés. Les acteurs sont souvent également des agriculteurs dynamiques, conscients d'avoir à entretenir un espace productif sans l'épuiser, mais en le valorisant pour eux et pour les générations suivantes.

Il faut signaler toutefois que subsiste un problème général de cohabitation entre animaux d'élevage et chasseurs. Lorsque l'animal en question ressemble tant à un sanglier, l'activité devient économiquement périlleuse. Le problème n'est pas définitivement résolu.

2

Double page précédente :
Lucéram (Alpes-Maritimes).

1 – Truie gasconne.
2 – Saint-Germain-de-Calberte (Lozère).

Page suivante :
Gluiras (Ardèche).

Le mouton

des Suisses en pays huguenot : une aventure humaine

Les Cévennes ont conservé cette vieille tradition de terre de refuge qui permit aux Huguenots de survivre contre les persécutions du royaume puis, plus tard, lors de la deuxième guerre mondiale, de protéger des déportations et persécutions des familles juives et des opposants au nazisme. Plus récemment, après la grande secousse de 1968, les Cévennes sont devenues à nouveau une terre d'accueil pour de jeunes citadins désireux d'échapper à la société de consommation. Malgré les illusions et échecs du début, un certain nombre de nouveaux agriculteurs continuent de travailler dans ce pays, s'intégrant progressivement dans une nouvelle réalité sociale dont ils deviennent parfois des éléments moteurs.

Georges et Évelyne Zinsstag s'installent en 1974 dans un village des Cévennes gardoises avec deux chèvres et sans formation agricole. Ces « néo » reprennent les terres du facteur, agriculteur à temps partiel. Une douzaine d'années plus tard, alors que beaucoup d'autres ont repris le chemin de la ville, leur cheptel atteint 200 brebis-mères. Ce nombre doit encore doubler dans les prochaines années pour leur permettre d'atteindre un niveau de rémunération suffisant. Aujourd'hui, le troupeau exploite directement une quarantaine d'hectares de châtaigniers. Au départ, les Zinsstag ramassaient une partie des châtaignes et cultivaient intensivement des petits fruits rouges, des framboises surtout. Ces cultures ont été abandonnées car, avec l'augmentation du troupeau, il devenait impossible d'assumer un calendrier des travaux où se superposaient la récolte des fruits et celle du foin. Pourtant, la culture de petits fruits a correspondu à une étape très importante dans l'évolution de l'exploitation pour assurer, dans une phase d'installation, les premiers revenus. Elle reste très intéressante pour des agriculteurs ne supportant pas les mêmes contraintes.

L'entretien des murs de soutènement, faute de temps, se limite au périmètre des parcs aménagés pour les animaux, un peu de mortier vient alors bloquer le faîte des murs de pierres sèches. De toutes manières, remarque l'éleveur, le risque bien réel de dégradation par les brebis, est très inférieur aux risques d'incendie induits par l'embroussaillement. Les nouveaux agriculteurs participent à de multiples expérimentations avec l'aide des techniciens qui recherchent des systèmes agricoles spécifiques à cette zone de montagne, en utilisant des fourrages appropriés et des races adaptées. Si la situation montagnarde est plus rude, plantes et animaux sont moins exposés aux risques sanitaires et aux pollutions.

Le principal problème de ces éleveurs réside dans la difficulté d'obtenir une bonne maîtrise du foncier. En effet, étrangers au pays, Georges et Évelyne Zinsstag doivent louer 130 des 150 hectares qu'ils exploitent, constitués en quasi-totalité de parcours pour les brebis. Or sur ces 130 hectares, 100 ne font l'objet que d'un bail verbal sans aucune garantie de pérennité. L'absence de stage de formation technique adapté fut, également au départ, ressenti comme un handicap par ces cévenols d'adoption qui ont dû faire leur apprentissage « sur le tas ». Depuis, les organismes agricoles se préoccupent beaucoup plus d'aider les jeunes agriculteurs à s'installer, même s'ils viennent de la ville. Enfin, ayant choisi de vivre dans un pays montagneux et d'en accepter les difficultés, les autres obstacles font partie pour eux du travail normal quotidien. Les charges communales assumées par Évelyne Zinsstag et les responsabilités professionnelles de son époux (il est vice-président du Groupement de Développement Agricole d'Alès et responsable syndical) prouvent leur bonne intégration. Georges préside également un Groupement d'Intérêt Économique créé avec quelques autres agriculteurs pour la transformation et la vente de produits à base de châtaignes et de fruits. A l'ombre du Mont Lozère leur dynamisme technique et commercial, ainsi que leurs engagements, manifestent leur foi dans l'avenir de leur pays, les Cévennes.

1

La Corse
une situation foncière extrême

Sous une homogénéité apparente, la Corse présente une mosaïque de réalités différentes. Les terrasses font partie du paysage mais leur importance et leur histoire varient énormément selon les régions de l'île. Par exemple, les terrasses du Cap Corse sont des aménagements complexes construits au milieu du XIXe siècle par des marins réduits au chômage du fait du développement de la marine à vapeur. Moins d'un siècle plus tard, elles étaient déjà totalement abandonnées. La Castagniccia, par contre, dans le centre-est de l'île, a une tradition agricole bien plus ancienne. Les marécages inhospitaliers de la côte orientale, qu'elle domine en balcon, ont longtemps protégé cette région. A chacune des grandes périodes d'invasion, la Castagniccia servit de refuge à une population nombreuse. Ces montagnes furent le cœur de tous les mouvements en faveur de l'indépendance contre les envahisseurs. La nourriture principale provenait de la châtaigneraie qui donna son nom à cette région. Les vallées encaissées, ou pieves, aménagées en terrasses sur une dénivelée supérieure à 1 000 mètres, rappellent inévitablement les Cévennes. C'est la même civilisation de la châtaigne, autarcique, dont les caractéristiques, ici, sont encore amplifiées par l'insularité. Dans ce type d'économie, chaque foyer possédait des terres disséminées dans chacune des zones, afin de disposer de l'ensemble des productions nécessaires à l'alimentation et aux besoins de la famille. Les partages successifs devaient préserver cette répartition, avec pour conséquence une réduction très importante de la surface moyenne des parcelles. Dans la ceinture de jardins potagers entourant les villages, on arrive couramment à des parcelles de 50 m^{2}. Durant la seconde guerre mondiale, alors que l'exode rural était déjà bien amorcé, ce système retrouva toute son efficacité ; de nombreuses personnes survécurent à la disette, terrible en Corse, en revenant cultiver leurs parcelles.

Depuis plusieurs décennies, les partages des terres ne sont plus effectués de façon régulière : pour beaucoup d'anciens, la maintenance du patrimoine dans son intégrité représente une garantie de cohésion

2

familiale. D'autre part, les terrains n'ayant plus d'usage, il devient inutile de se confronter aux multiples problèmes et conflits générés par les partages. Il en résulte un nombre parfois impressionnant de copropriétaires sur des parcelles déjà exiguës et souvent non délimitées ; on cite le cas de 22 propriétaires ayant des droits sur une parcelle de moins de 100 m^2. La situation foncière est donc entièrement bloquée, verrouillée aussi par les difficultés de détermination des droits de propriété : les localisations et limites sont incertaines ou discutées, les cadastres truffés d'erreurs et d'omissions, les procédures de cession officielles se superposent aux procédures coutumières ; ainsi, dans la châtaigneraie, la propriété des arbres est distincte de celle du sol. Le caractère inextricable de cette situation permet aux bergers d'utiliser des terrains sans aucune contrainte, assurés que les propriétaires, le plus souvent absents, ignorent ou se désintéressent de leur patrimoine. Par contre, les éleveurs n'ont pas une garantie suffisante pour se lancer dans des améliorations pastorales et trop souvent la seule technique utilisée pour produire de l'herbe est le débroussaillement par le feu, en principe contrôlé. Quand il n'existe plus de coupe-feu agricoles, cette technique devient alors très dangereuse.

La situation foncière en Corse est d'une complexité extrême, mais des situations analogues se retrouvent dans de nombreuses zones en terrasses du continent. Le non-usage contemporain a encore accentué le morcellement et l'indivision. Aussi, dans l'état actuel de la législation, le moindre projet de remise en valeur demande un long et coûteux préalable pour identifier parcelles et propriétaires, contacter ceux-ci et négocier avec chacun individuellement. En Castagniccia, nous avons rencontré des éleveurs qui clôturaient ensemble de grandes châtaigneraies qu'ils ont louées pour y parquer leurs troupeaux et stopper la dégradation irréversible des espaces. Il n'aurait pas été possible de trouver quinze années plus tôt des propriétaires acceptant des clôtures électriques sur leurs propriétés. Ces exemples, bien sûr encore marginaux, prouvent cependant qu'il est possible, même dans les situations extrêmes, d'obtenir des accords avec les propriétaires quand des projets, bien étudiés, sont correctement expliqués.

Pour en savoir plus :

PERNET (F.) et LENCLUD (G.) – *Berger en Corse – Essai sur la question pastorale*, 1977.

REPARAZ (F. de) – *Diversité et évolution des structures agraires corses*, 1962.

1 – Pierre Deffontaines, Castagniccia (Haute-Corse), Carcheto et Carpineto, 1973.
2 – Jean Chieze, Dans le Cap Corse, 1933.
3 – Nonza (Haute-Corse).
4 – Pietricaggio (Haute-Corse).

3

4

1 – Buoux (Vaucluse).
2 – Joannas près Largentière (Ardèche), détail carte postale ancienne.
3 – Utelle (Alpes-Maritimes).

1

2

Histoire de chasse :
à consommer sur place...

« François, les jambes écartées, lançait sa faux à la volée. Lili le suivait, et liait en gerbes les javelles... C'était du blé noir. Le froment du pauvre. Les épis étaient clairsemés, et il y avait même de grands vides, où les lapins avaient mangé ce blé en herbe, comme font les enfants prodigues ; puis après la mort de l'épouvantail, que les rats avaient déshabillé, les geais, les pies et les perdreaux avaient picoré tout à leur aise les grains mûrissants. Comme je déplorais ces ravages, François se mit à rire, et dit : « Ne pleure pas pour le blé perdu : ils l'ont payé. » Lili m'apprit, en effet, que son père avait pris dans ce champ deux ou trois lapins par jour, auxquels étaient venus s'ajouter, quand les épis furent levés, une douzaine de jeunes perdrix. « – Je fais ça chaque année, dit François. Après, on ramasse ce qui reste pour le poulailler... » Il me sembla que sur ces terres lointaines et stériles, c'était la seule façon raisonnable de concevoir l'agriculture. »

Marcel Pagnol
Souvenirs d'enfance
T. III *Le temps des secrets*

La forme d'exploitation extensive décrite par Marcel Pagnol dans ses souvenirs d'enfance pourrait porter aujourd'hui le nom savant de culture cynégétique ou, plus simplement, de culture à gibier. Les fédérations de chasseurs un tant soit peu dynamiques pratiquent assez couramment ce mode de nourrissage du gibier. En effet, les terrains agricoles qu'évoque Marcel Pagnol, isolés et peu accessibles, ont été aujourd'hui abandonnés à la friche peu productive, même pour la faune sauvage qui n'y trouve plus de nourriture et les abandonne. Certains de ces terrains peuvent donc être remis en culture sans grands frais, pour reconstituer les ressources alimentaires des espèces sauvages. Il s'agit d'effectuer un travail du sol, d'autant plus superficiel que celui-ci est mince sur ces parcelles peu fertiles, suivi d'un semis à la volée parfois accompagné d'un peu d'engrais... Quant aux problèmes de récolte, ils sont inexistants. Beaucoup de nos terrasses, un peu à l'écart des habitations, dans des secteurs abandonnés, se prêtent parfaitement à ce type de gestion. Des agriculteurs pourraient ainsi trouver une nouvelle forme de revenu d'appoint en faisant des cultures pour les sociétés de chasse. Malgré l'intérêt de cette formule bien développée dans d'autres régions, nous n'avons trouvé que très peu de réalisations de cet ordre dans le Sud-Est, alors que pourtant la densité de chasseurs y est grande.

3

Après l'incendie
un projet d'aménagement intégré pour un massif sinistré

« Il s'étonnait de découvrir sur les pentes nettoyées des milliers de murets apparus comme par magie là où jusqu'à présent il n'avait vu que ronces et maquis. Autour de lui s'ouvraient des vignes graduées dont les tables montaient jusqu'aux cimes des collines. Le feu venait de livrer d'un bloc tous les secrets de ce pays plus architecturé que les montagnes sophistiquées de la Chine des communes et de la polyculture. »

Rezvani
Feu

En 1985, au nord d'Alès, deux terribles incendies ravagent plus de 5 000 ha sur une dizaine de communes déjà fortement touchées par la fermeture des mines. Les sociétés minières, lorsque le charbon était exploité, avaient favorisé la plantation de pins maritimes, pour disposer de bois d'étais. Les mineurs en assuraient l'entretien régulier et trouvaient dans ce travail une seconde activité à l'air libre. L'évolution des techniques puis la fermeture des mines à partir de 1975 a eu pour conséquence l'abandon de l'entretien de ces forêts et leur embroussaillement progressif. Les mesures de protection classiques n'ont pas suffi à éliminer tout risque. L'Office National des Forêts, chargé depuis de la gestion de ce massif, conscient du danger, avait pourtant délimité un périmètre de Défense de la Forêt contre l'Incendie (D.F.C.I.). Malgré toutes les mesures et précautions prises, c'est pourtant dans ce périmètre que sont situées, pour une large part, les zones sinistrées. Le ministre chargé de la forêt a donc confié une mission d'études et de propositions à une cellule composée de techniciens, d'élus et de professionnels de la région. Le feu avait pu se propager et passer par les cols d'une vallée à l'autre en profitant de l'embroussaillement des parcelles, jadis cultivées. Il faut avoir vu, sur tout l'horizon, le spectacle lugubre d'une multitude de troncs d'arbres calcinés, pour comprendre le sentiment d'échec ou de révolte des habitants. Il leur semblait que le feu mettait le point final à la lente dégradation de leur société. C'est à l'occasion de tels incendies que s'est imposée l'importance des sites en terrasses pour la protection du massif.

Le rapport, remis par le groupe de travail, fait des propositions pour un aménagement global, véritable projet technique, social et culturel ; il conclut en particulier :

« Le raisonnement qui sous-tend les propositions de la cellule technique est fondé sur une analyse de l'évolution récente du système agraire local. L'effondrement de l'ancienne société rurale a entraîné la perte de la maîtrise des écosystèmes : l'abandon des différents territoires et de leurs usages spécifiques et complémentaires a favorisé l'envahissement de tout l'espace, de manière indifférenciée, par le pin maritime et les broussailles. Il en est résulté une homogénéisation du paysage végétal le rendant particulièrement sensible aux incendies, ce qui obère gravement toute nouvelle fonction de production de ce territoire.

C'est donc pour nous le feu, conséquence de la destruction de l'espace, s'alimentant de l'uniformité qui en résulte, qui servira de révélateur pour dégager de nouvelles lignes de force : cette ossature est nécessaire à la reconstruction d'un espace maîtrisé, car diversifié, par un ensemble de productions complémentaires.

La nouvelle structuration de ce massif reposera sur

Ci-contre : Portes (Gard), quartier Laupié après l'incendie de septembre 1985.
Ci-dessus : Utelle (Alpes-Maritimes).

un ensemble d'activités, dont la fonction productrice sera la garantie de la pérennité.

Le massif sera alors constitué pour limiter au maximum le danger d'incendie, et pour permettre la plus grande efficacité des services de lutte vis-à-vis des risques résiduels. On ne peut en effet totalement empêcher la végétation méditerranéenne d'être combustible en été, mais on peut structurer le paysage de façon à réduire cette combustibilité et à favoriser la rapidité et l'efficacité des interventions.

Cet objectif devenant prioritaire, on doit privilégier l'usage du foncier sur la propriété, sans toutefois, bien sûr, remettre cette dernière en cause ; les mesures réglementaires actuelles le permettent.

Les productions du massif doivent être vues au sens le plus large : productions ligneuses (en choisissant des essences nobles si possible, moins combustibles que le pin maritime), productions agricoles (en favorisant les productions originales, spécifiques, en ne participant pas à la surproduction générale), mais aussi tourisme (dont le réel développement ne pourra s'envisager qu'une fois le massif de nouveau accueillant)...

... Si cette proposition peut ainsi être validée, elle pourrait déboucher sur une véritable méthodologie d'aménagement intégré des espaces forestiers méditerranéens ; pourquoi alors en limiter l'esprit aux zones incendiées et ne pas envisager de l'appliquer à l'aménagement de massifs jusqu'ici épargnés pour les rendre moins vulnérables aux incendies ? La maîtrise réelle de ce risque grâce à une restructuration qui les rende moins combustibles et plus faciles à protéger, permettrait d'envisager à nouveau une forêt méditerranéenne vivante et productive. »

En ce qui concerne les secteurs en terrasses, le document propose six types d'utilisations possibles selon leurs localisations et leurs potentialités.

- Mode urbain : les jardins familiaux traditionnels assurent une « zone tampon » entre l'habitat et le secteur agricole ou forestier.
- Mode agricole : les terrasses facilement accessibles et irrigables sont à privilégier pour des cultures de qualité.
- Mode pastoral : cette transformation d'usage demande un certain nombre de précautions, mais permet une mise en valeur extensive assurant une gestion minimum du territoire.
- Mode sylvicole : l'épaisseur et la richesse du sol incitent à planter des espèces précieuses sur les terrasses. Dans ce cas, des techniques douces de débroussaillement et de plantation sont préférables pour éviter de désagréger ce qui reste du système anti-érosif.
- Mode cynégétique : des cultures pour le gibier trouveront très bien leur place sur certains sites de terrasses isolés ou d'accès difficiles. Les zones favorables seront fixées avec les sociétés de chasse qui devront en assurer l'entretien.
- Statu-quo : lorsqu'aucune urgence ne l'impose, certains sites seront laissés en l'état, sachant que les ressources tant humaines que financières ne permettront pas la revalorisation de l'ensemble et que le maintien des murs ne saurait être une fin en soi.

Il s'agit bien de créer un nouveau paysage en adaptant certains principes anciens à la situation actuelle. Mais cette idée n'est pas simple à mettre en œuvre car elle est contraire à une spécialisation excessive des professions, des responsabilités, des espaces. L'agriculteur éleveur devra de nouveau savoir planter des arbres, le forestier laisser des espaces aux troupeaux, les chasseurs devront admettre, dans certains cas, des clôtures pour protéger de jeunes plants ou pour parquer les animaux, les administrations continuer à travailler ensemble, les propriétaires s'intéresser à leurs terrains comme élément personnel d'un patrimoine collectif, les touristes respecter et connaître la réalité du travail qui sous-tend la beauté d'un paysage. Il faut être particulièrement novateur dans ces régions qui ont perdu l'espoir.

Pour en savoir plus :

Reconstitution en Cévennes d'un massif forestier vivant : intégrer les activités pour un espace diversifié, sous-préfecture d'Alès (Gard), 1986.

Ci-dessous : Auriol (Bouches-du-Rhône).
Ci-contre : Tanneron (Var).

Un paysage en mutation

On ne peut pas dissimuler les difficultés qu'il faut affronter pour s'agripper à ces terres isolées, marginalisées, et malgré tout dépendantes de l'économie mondiale. La chute des cours de l'agneau, liée notamment à la concurrence néo-zélandaise, a considérablement affecté la rentabilité des exploitations de montagne orientées vers l'élevage ovin. Ainsi un éleveur installé à Vimbouches en 1977 au cœur du Parc National des Cévennes nous disait, amer, avoir vu ses revenus s'effriter d'année en année. « Les agneaux se vendent de moins en moins... pécuniairement, c'est catastrophique... ici, tout est plus difficile, les terrasses c'est étroit, c'est dangereux, tout se fait au ralenti... tout coûte cher... on remonte un mur, ça rapporte pas un sou... Pourtant, on voulait changer la montagne, lui rendre un visage. Si on recommençait, on choisirait peut-être une région un peu plus agricole. »

Néanmoins, ni lui ni sa famille n'envisagent de quitter Vimbouches, et malgré la chute des cours de l'agneau, malgré la sécheresse qui a fait perdre toute la production de châtaignes, il rajeunit sa châtaigneraie, construit de nouveaux accès, poursuit le défrichage de ses 90 hectares. « Pour gagner sur la friche, l'idéal c'est l'écobuage et les brebis ; on clôture et on fait des petits parcs pour obliger les brebis à tout nettoyer. On rétablit tant bien que mal l'équilibre de l'exploitation par des revenus complémentaires : gîte rural... élevage hors sol... c'est le lapin qui permet d'acheter le foin pour les brebis ».

Les ovins ou caprins posent pourtant sur les terrasses un certain nombre de problèmes spécifiques. Il s'agit d'une utilisation extensive de territoires extrêmement artificialisés qui exigent un entretien régulier considérable pour être conservés en l'état. En effet, jamais les terrasses n'ont été construites pour de l'élevage, cela aurait représenté trop de travail pour une productivité insuffisante. L'élevage est une utilisation relictuelle des terrasses agricoles et trop souvent il détruit l'organisation générale d'un site, en aggravant l'éboulement des murets et l'éparpillement des pierres sur le sol. La surface disponible pour la pousse d'herbe se rétrécit, les refus augmentent autour des pierres et la conduite du pâturage devient plus lâche. Cette forme d'élevage correspond à une économie de cueillette dans un paysage incapable par lui-même de se renouveler : les pierres tombées ne sont pas remontées, la végétation devenue rare, surtout en montagne sèche, est incapable de fixer le sol. Pourtant les animaux jouent un rôle important contre l'embroussaillement et l'incendie, ils apportent une fumure au sol améliorant ainsi la flore.

Le problème est donc bien plus délicat que sur les terrains en pente, mais sans terrasses. Il n'existe pas une solution unique, tout dépend du terrain et de la main-d'œuvre disponibles. Les pastoralistes conseillent d'organiser des pâturages rationnés grâce aux clôtures électriques pour obtenir un meilleur débroussaillement et une amélioration des herbages. Ils se préoccupent également de mettre au point des systèmes réduisant la surveillance et l'entretien des parcours. L'analyse de textes anciens des XVIe et XVIIe siècles indique qu'avant la phase d'extension des terrasses dans les Cévennes, les agriculteurs réalisaient des talus enherbés. Dans d'autres régions de montagne où l'élevage domine depuis longtemps, les paysans stockent les pierres en des tas très construits, ou pierriers, qui ne demandent ensuite aucun entretien ; ils plantent horizontalement des haies pour limiter l'érosion. D'autres éleveurs, avec des forestiers, essayent de créer des forêts pâturées permettant l'entretien des sous-bois tout en assurant la nourriture et l'abri pour les animaux. Pour les régions de terrasses abandonnées par l'agriculture, il serait intéressant d'étudier, en profitant de toutes ces expériences, des systèmes d'association entre les arbres, l'herbe et les animaux qui tiendraient compte de cet élément fort du paysage qu'est le linéaire horizontal des murets. Jusqu'à présent, il n'y a eu que très peu de recherches dans ce domaine. Nous pouvons proposer quelques pistes d'expérimentation à tester.

Les terrasses n'ont pas toutes la même importance. Comme pour une maison avec ses murs porteurs et ses cloisons, il y a en général, sur un site aménagé, des terrasses principales qui tiennent le site et des terrasses secondaires qui le cloisonnent. Il faut pouvoir reconnaître les unes des autres. Par ailleurs les secteurs d'éboulement des murs sont fréquemment situés en succession le long de la pente à partir d'un point d'accumulation de l'eau, provenant d'une source ou d'une zone de concentration. Une solution originale découlerait de la vérification de cette hypothèse : il s'agira de créer une sorte de maillage de haies. Le bord des terrasses principales, à protéger contre l'érosion, sera planté ; ainsi les arbres, en développant leurs racines, retiendront le sol, même si le mur s'effondre en partie. Il en sera de même verticalement sur les bords des talwegs et sur les parties effondrées souvent plus humides. Pour intensifier le pâturage, les pierres éboulées des murs secondaires pourront être stockées en tas pour laisser le maximum de surface à l'herbe. Les techniciens recoupent déjà les observations sur les meilleurs modes de conduite des troupeaux pour arriver à limiter, lors des déplacements du bétail, la destruction trop rapide des murets ; de nouvelles recherches doivent être entreprises. C'est en effet un paysage nouveau qu'il faut créer ; éleveurs, forestiers, mais aussi anciens agriculteurs doivent mettre en commun leurs savoirs. La compréhension fine du paysage tel qu'il a été créé et tel qu'il apparaît de nos jours est d'autant plus nécessaire que les formes de gestion de l'espace à mettre en place ne peuvent compter sur une main-d'œuvre suffisante pour réguler rapidement les erreurs.

Ci-contre : Pont-du-Loup (Alpes-Maritimes).

Ci-dessous : Utelle (Alpes-Maritimes).

l'olivier

« C'est en revenant de la Font-de-l'Homme, ce matin, que j'ai rencontré Françoise dans l'olivette.

J'avais descendu prudemment le sentier, qui est rapide, et où, pendant la nuit, la neige avait glacé. On glissait à chaque pas. Mais dans le creux de l'olivette, sous la falaise, il faisait doux. C'est un jardin que le moindre rayon tiédit ; il est bien abrité. Dans le ciel, le temps restait pur et un beau soleil d'hiver éclairait l'olivette. »

Henri Bosco
Le Mas Théotime

Page précédente : Beaumes-de-Venise (Vaucluse).

Ci-dessus :
Entrevaux (Alpes de Haute-Provence).

Ci-contre :
Beaumes-de-Venise (Vaucluse).

La route de l'olivier
une politique du paysage à l'échelle d'une région

Dans une interview réalisée pour la revue *Métropolis* en septembre 1987, à l'occasion du congrès mondial des paysagistes qui se tenait à Paris, M. Michel Denieul, nouveau président de la Société des Autoroutes du Sud de la France, déclarait notamment :

« Notre politique du paysage, nos actions précises en faveur de la sauvegarde du paysage tel qu'on le découvre de l'autoroute, doivent toujours être situées dans le contexte d'une volonté, d'une politique plus large, qui visent à transformer l'autoroute d'un espace de circulation en un espace de communication.

Il faut aujourd'hui tenter de retrouver ce qui a fait l'esprit des aménagements routiers du XVIIIe, l'esprit des grands ingénieurs méconnus. Les exemples de leurs merveilleux ouvrages qui subsistent encore sont vraiment révélateurs d'un humanisme et d'un sens de l'accommodement de l'homme à la nature, de la fonction avec l'usage, absolument remarquables.

Il va nous falloir apprendre à communiquer une capacité d'auto-orientation dans l'espace et dans le temps à des gens qui se conduisent à Orange, au centre de la plaine du Vaucluse, comme ils se conduiraient à la sortie de Brême ou de Stokholm.

Nous voulons leur faire percevoir quelque chose qui leur permette de savoir « où » ils sont, de sentir l'épaisseur des sédiments historiques et des dimensions géographiques ou paysagères de leur environnement temporaire, parce que cinq minutes après ils seront partis. Bref, nous voulons que les gens roulent en ayant les sens aiguisés, et conscients de la qualité, de l'intérêt, de l'ancienneté prodigieuse, de la beauté de ce qu'ils parcourent. »

Propos quelque peu novateurs de la part du responsable d'une des principales sociétés autoroutières françaises, qui conçoit l'autoroute comme un ouvrage d'art capable de révéler aux utilisateurs les beautés et les richesses des régions traversées, tout en participant à la qualité du paysage et du cadre de vie. Dans cet esprit, la Société des Autoroutes du Sud de la France étudie notamment un projet d'aménagement contemporain d'un site de terrasses, couvert d'oliviers abandonnés, en aire de repos.

En effet l'olivier, symbole du paysage provençal, l'arbre de van Gogh, règne sur tous les petits villages de l'arrière-pays jusqu'à Nice. Plus généralement, sa présence signifie l'appartenance d'une région au monde méditerranéen. Dans ces régions de collines et de montagnes arides, il est cultivé le plus souvent sur des terrasses sèches, des restanques. Les arbres alignés, avec leur feuillage vert persistant et leurs troncs noueux, masquent de loin l'organisation concrète des parcelles que l'on ne découvre qu'en y pénétrant. L'olivier est comme la parure d'un paysage dont les éléments constitutifs apparaissent en filigrane aux initiés.

Si l'autoroute devient la devanture d'une région, le voyageur incité à visiter l'intérieur de ces pays ne doit être ni trompé ni déçu par la qualité réelle des paysages. Il doit découvrir des oliviers bien entretenus, or la situation de l'olivier en France est délicate. En 1900 notre pays produisait 20 000 tonnes d'huile d'olive, il n'en produit plus, chaque année, qu'environ 2 000 tonnes. Si l'olivier disparaît, comme l'a fait le mûrier, il n'y aura plus de paysage à parcourir, à part quelques reliques. La question mérite d'être posée, car les économistes s'étonnent qu'il puisse y avoir encore une production d'olives en France. Elle aurait dû disparaître sous la pression conjuguée de la concurrence des autres pays méditerranéens producteurs et surtout des huiles de graines bien meilleur marché. De son côté, le savon de Marseille, à base d'huile d'olive, ne représente plus qu'une très

1

1 – *Levens (Alpes-Maritimes), taille de l'olivier.*
2 – *Levens (Alpes-Maritimes), débroussaillement.*
3 – *La Côte d'Azur, cueillette des olives.*
4 – *Pierre Deffontaines, vieil olivier près de Deya (Majorque), 1976.*
5 – *Ota (Corse du Sud), filets tendus pour la récolte.*

2

3

4

faible part du marché. Cependant, la culture de l'olivier résiste malgré tout à la logique économique, grâce à la complicité active de toute une région.

Pour rassembler tous les amoureux de l'olivier, les producteurs et toutes les organisations professionnelles sont en train de créer « la route de l'olivier ». Son tracé couvrira les principales régions productrices et, rêvons un peu, passera un jour les frontières pour faire le tour du bassin méditerranéen. Dans les régions de vignobles, les viticulteurs assurent, pour la plus grande part, l'entretien et la mise en valeur du paysage offert aux touristes à partir des classiques « routes des vins ». Pour la « route de l'olivier », le problème est plus complexe car l'oléiculture ne peut, dans l'état actuel, assurer la gestion de l'ensemble de son territoire, il lui faut à tout prix s'allier à de nouvelles forces. Assurer la promotion d'un produit, d'une région, par des actions de découverte d'une histoire, d'un travail, en s'appuyant sur des mécènes éventuels, sur des actions publicitaires, ou en profitant d'initiatives comme celles des autoroutes ne suffit pas. Il faut promouvoir un projet paysager en entraînant les producteurs et les mouliniers, premiers concernés, mais aussi les élus des communes et régions traversées. Il faut surtout décider les propriétaires de ces innombrables parcelles en friche qui engluent les plus beaux des paysages dans une ambiance d'abandon extrêmement peu accueillante, à entretenir leur bien eux-mêmes ou à le confier à des professionnels ou des associations compétentes.

Il convient d'avoir conscience qu'au fil des générations, des héritages, les propriétaires des terrasses sont pour une bonne part devenus des citadins n'ayant pas vécu personnellement l'époque du départ, du déracinement. Ils n'ont pas connu la rupture avec la famille, les amis qui restaient au village, ni les difficultés pour s'intégrer dans la ville qu'il fallait pénétrer, quitte à renier quelque peu ses origines. Plus libres, souvent à la recherche de leurs racines, ils se retrouvent propriétaires, sans compétence, ni savoir-faire pour gérer des parcelles dont parfois ils ignorent l'emplacement même. Ils sont sensibles au scandale de la destruction d'un paysage dont ils se sentent malgré tout solidaires. Ne dépendant pas des revenus de leurs biens agricoles pour vivre, acceptant souvent au contraire d'effectuer des dépenses pour le maintenir en état, ils se trouvent en situation d'agir pour lui redonner vie, pour autant qu'ils aient la possibilité d'acquérir le minimum de connaissances indispensables. Certains laissent leurs terres à des agriculteurs dans le seul but de conserver un patrimoine en état, d'autres remettent eux-mêmes les restanques en valeur préférant ce type de loisir au jardinage trop contraignant ou à la conquête de l'inutile dans les compétitions sportives. Cette tendance des urbains à gérer leurs terres, parfois plusieurs hectares, se développe, et les communes concernées par la « route de l'olivier » ont tout intérêt à essayer d'utiliser ces volontés pour leur projet.

La remise en valeur du patrimoine constitué par les paysages d'oliviers en terrasses n'atteindra ses objectifs que si elle s'accompagne d'une exigence équivalente quant à la qualité des aménagements nouveaux qui donnent au pays son visage vivant. A quoi serviront les efforts de restauration d'olivettes si, par ailleurs, le trajet est parsemé de ces « points noirs paysagers » trop fréquents le long des routes françaises : décharges non contrôlées, réseaux aériens en tous sens, installations touristiques ou commerciales envahissantes, publicités agressives, arbres sévèrement élagués, entrées de villages peu soignées, friches industrielles ou agricoles. A l'heure où la concurrence entre les régions s'accentue pour attirer le tourisme, mais aussi les activités industrielles et commerciales, la qualité de l'image donnée par une région devient un élément important dans le choix des vacanciers mais aussi des entrepreneurs pour s'implanter. En effet les entreprises désirent à présent s'installer dans des régions offrant un cadre qui favorise leur rayonnement commercial et réponde aux aspirations de leur personnel. Il s'agit donc bien, à terme, de mettre en place une politique régionale de paysage fondée sur la négociation entre toutes les parties concernées pour transformer progressivement et en profondeur les modes d'intervention sur l'espace, en y incorporant des préoccupations d'ordre qualitatif. Les nombreux sites remarquables, souvent protégés et mis en valeur, joueront alors pleinement leur rôle comme point d'appui, comme référence culturelle pour ce projet d'avenir.

Il faut rendre hommage aux producteurs d'olives, parmi les plus anciens créateurs de paysage, d'avoir pris l'initiative de développer le goût pour la qualité des espaces. Ils ont compris que le paysage n'est plus seulement le révélateur de l'état d'une société, c'est aussi un facteur du développement économique.

5

Entrevaux
site classé, site entretenu

Une opération exemplaire

Bien qu'administrativement situé dans le département des Alpes-de-Haute-Provence, le canton d'Entrevaux regarde surtout, tant du point de vue de la sociologie que de celui de l'économie, vers les Alpes-Maritimes, vers Nice. L'héritage de l'histoire (les limites des Alpes-Maritimes se confondent ici avec celles de l'ancien comté de Nice) souligne encore la similitude du climat et des paysages.

La vallée du Var facilite une remontée des influences méditerranéennes et l'olivier y occupe une place très importante, bien qu'il soit en limite de son aire de répartition. Autour du splendide village fortifié d'Entrevaux surmonté de la citadelle construite par Vauban, les terrasses d'oliviers et de jardins potagers forment une sorte d'écrin. Mais sur ces terrains cultivés de façon très partielle, les oliviers, abandonnés par le tailleur, étirent leurs branches mortes, les murs s'éboulent, la broussaille envahit tout. Le village et la citadelle, classés monuments historiques, sont le cœur d'un paysage de grande qualité mais qui se détériore faute d'entretien.

Depuis 1984, le SIVOM (Syndicat Intercommunal à Vocation Multiple) du canton d'Entrevaux a suscité une opération de rénovation des oliveraies incluant l'équipement d'un moulin collectif, l'acquisition de matériel, la création de nouvelles pistes d'accès et des travaux d'amélioration sanitaire du verger. Dans ce cadre, l'occasion permettait de tester l'efficacité d'une prime incitatrice à la restauration des murs.

Grâce au soutien financier de l'État et du Conseil Général, une somme de 100 F par mètre carré de mur reconstruit est alors attribuée à chaque propriétaire volontaire signataire d'une convention l'engageant à entretenir l'état de culture pendant 15 ans au moins. La prime n'est versée qu'une fois le travail réalisé et contrôlé. Chaque mètre carré subventionné induit en fait la remise en valeur d'une surface d'oliveraie bien plus grande. Après une phase d'attentisme, le nombre de souscripteurs augmenta peu à peu et, l'émulation aidant, l'enveloppe prévue arrive à sa fin en 1989. Mais dès maintenant, l'impact paysager sur les quartiers les plus en vue est appréciable. Une fois toutes les leçons de l'expérience tirées, pourquoi alors ne pas proposer d'instituer de telles mesures, finalement assez peu coûteuses, pour la gestion des sites juridiquement protégés, en cours de dégradation du fait de leur abandon ?

Des financements mixtes pour le paysage

Dans un contexte totalement différent, une expérience nous intéresse par les réflexions qu'elle suggère. Alors que l'abandon gagnait progressivement bien des communes du sud de la France, d'autres régions du nord voyaient également leur paysage se transformer rapidement. Des villages entiers de Bretagne ou de Normandie ont abandonné tout ou partie de leur élevage et retourné leurs prairies et pâturages pour en faire des champs de culture. Les premiers remembrements n'ont eu pour objectif que de répondre à cette logique purement technique, et des kilomètres de haies ont été arasées pour permettre des agrandissements de parcelles et un passage des tracteurs plus aisé. Bien des pays de bocages sont ainsi devenus des pays de grande culture. Pourtant, les assurances mutuelles agricoles de Seine-Maritime ont décidé d'aider les agriculteurs à replanter des haies. Elles financent même en partie un conseiller technique chargé de mettre en place cette politique. Amour d'un paysage bucolique peut-être, mais aussi politique commerciale et gestion bien comprise. En effet, avec

les haies, une multitude de brise-vent ont disparu, accroissant d'une manière significative les dégâts de toiture lors des tempêtes.

C'est ainsi qu'une assurance mutuelle en arrive à préférer financer des replantations de haies plutôt que de rembourser des sinistres.

Dans les montagnes sèches du sud de la France, le phénomène est inverse. La responsabilité des problèmes écologiques ne provient pas de l'intensification et de la modernisation de l'agriculture, mais de son exact opposé, comme le pile et la face d'une même médaille : l'abandon des olivettes aggrave considérablement les risques de propagation des incendies. Bien des exemples l'ont malheureusement suffisamment démontré. Le financement d'une remise en état de ces terrains et de leur entretien doit être pensé dans son ensemble. La situation héritée de toute la période d'abandon rend parfois difficiles et coûteux les travaux initiaux, car le premier débroussaillement ainsi que la reprise des murets exigent une grande énergie et une qualification particulière. Nous proposons dans certains cas d'utilité publique, le soutien de cet investissement par l'État, les collectivités locales, et les compagnies d'assurances. L'entretien annuel suivant, moins onéreux, doit rester bien sûr à la charge des propriétaires premiers responsables et bénéficiaires de ces travaux. Il s'agit d'une redistribution plus positive des crédits affectés à la défense contre l'incendie. Les coûts annuels de la lutte contre l'incendie dépassent largement l'investissement de départ, alors que, soignées, les terrasses apportent à la fois sécurité, plaisir et plus-value. L'exemple d'Entrevaux semble prouver que l'intérêt existe pour de telles remises en valeur.

La protection au titre des sites

Le cas d'Entrevaux, dont le village et la citadelle sont classés, fait apparaître l'importance capitale des terrasses dans des sites particulièrement remarquables de la région méditerranéenne. Les terrasses d'Entrevaux participent à l'aspect grandiose du site, à sa valeur culturelle, paysagère et touristique exceptionnelle, aussi une partie des versants devraient-ils bénéficier prochainement des mêmes mesures de sauvegarde. Comment protéger la qualité et l'intérêt des sites les plus prestigieux ? Que prévoient les textes à ce sujet ?

La loi du 2 mai 1930, qui régit aujourd'hui encore les procédures de classement « des monuments naturels et des sites », ne fait pas explicitement place à leur gestion et à son financement. Elle correspond à une vision ancienne de la protection des paysages ; on n'y trouve aucune référence aux éléments de création et d'évolution des paysages considérés comme figés. L'introduction de notions de protection dynamique et de gestion des sites, concrètement mises en place à Entrevaux avant même l'extension du classement, apporte un nouvel élément de réflexion quant aux améliorations éventuelles à apporter à cette loi de 1930. Déjà, il est possible d'inclure dans l'arrêté ministériel les « conditions du classement ». Sur cette base et même si cela reste insuffisamment pratiqué, l'État et un certain nombre de ses services extérieurs développent une volonté de gestion qui pourrait se confirmer à l'occasion de l'extension du site classé d'Entrevaux.

Double page précédente :
Entrevaux (Alpes-de-Haute-Provence).

Ci-contre :
Vue d'Entrevaux depuis la citadelle.

Ci-dessous :
Plan nivelé de la place d'Entrevaux 1819, en noir : courbes de niveau, en rouge : murs des terrasses. Le point zéro correspond à un sommet et non au niveau de la mer ; les courbes de niveau sont cotées à l'envers.

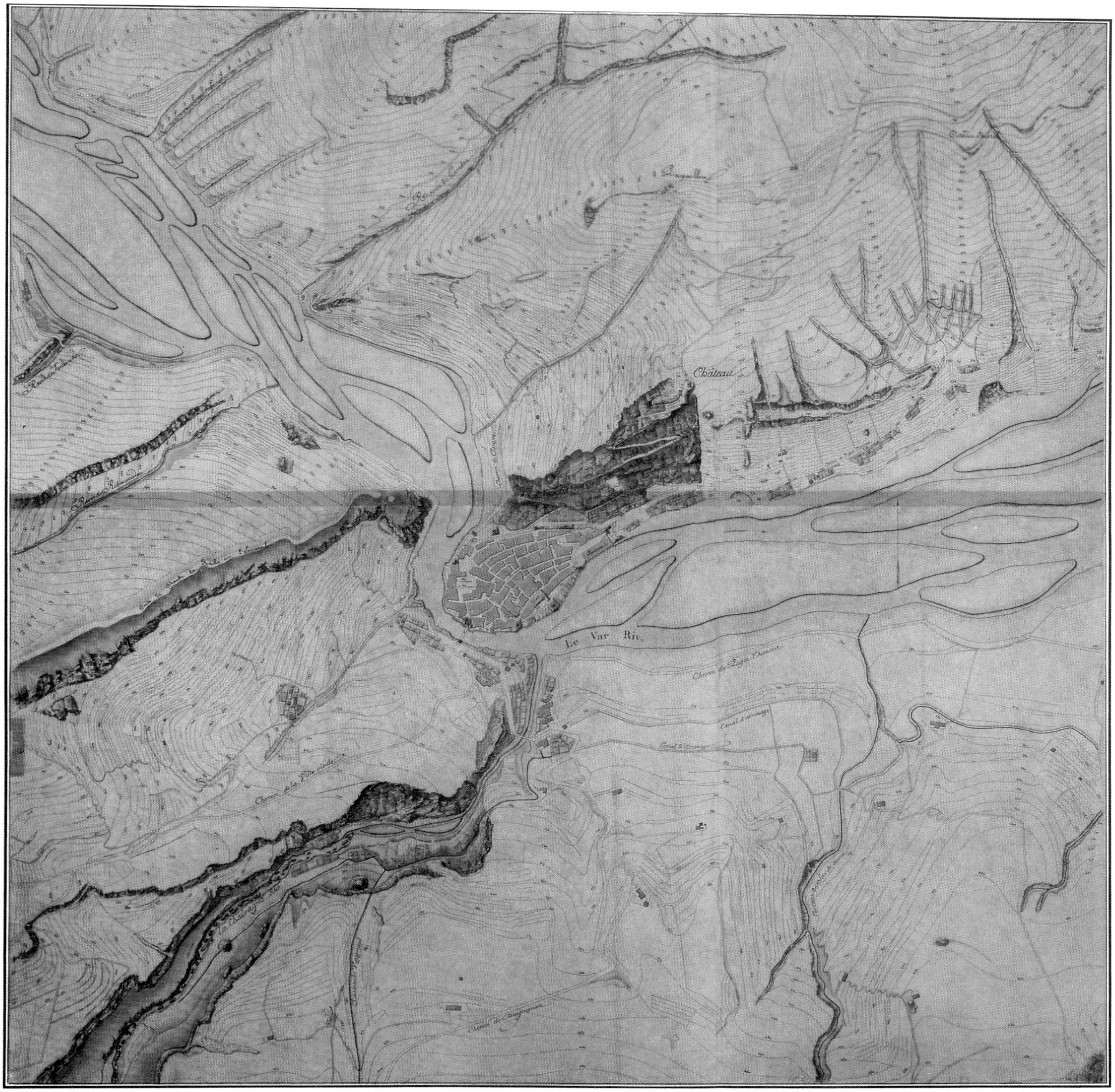

1

Beaumes-de-Venise

le rôle d'une commune, des propriétaires et des associations

A une trentaine de kilomètres au nord-est d'Avignon se dresse le singulier massif des Dentelles de Montmirail, entre la vallée du Rhône et le Mont Ventoux. La côte balméenne en constitue le rempart méridional, face à la vaste plaine maraîchère et arboricole du Comtat Venaissin. C'est au pied de cette presqu'île rocheuse sculptée de terrasses que se blottit le village de Beaumes-de-Venise, commune bien connue pour son fameux muscat. La côte balméenne porte les traces de 5 000 ans d'histoire. Les falaises rocheuses qui ceinturent le sommet, ponctuellement confortées par des murets, en font un véritable site fortifié de défense où Grecs, Celto-Ligures, Romains, Sarrazins... ont vécu, se sont affrontés et succédé.
Au début du XXe siècle, les terrasses de la côte étaient encore exploitées pour la production d'olives, amandes, figues, abricots, jujubes, câpres, grenades, raisins et légumes, ainsi que pour l'élevage de lapins dans des cabanons en pierre aménagés dans l'épaisseur des terrasses. Depuis, l'agriculture abandonne progressivement les terrasses à la garrigue, en premier lieu les plus étroites, difficiles d'accès ou non irriguées, tandis qu'elle développe ses activités dans la plaine. Les cultures du muscat et de l'olivier se maintiennent pourtant sur les terrasses les plus larges et mécanisables, notamment aux abords du village. Pourtant, chacun s'accorde à dire que les terrasses de la côte, bien que difficiles à travailler, offrent des conditions microclimatiques particulièrement propices à des productions de qualité. Ainsi, l'huile d'olive de la coopérative de Beaumes-de-Venise est-elle réputée dans toute la Provence pour sa finesse et son fruit.
En 1976, un premier incendie se déclare et embrase toute la côte, épargnant de justesse le village et la chapelle romane de Notre-Dame d'Aubune, élément fort de l'identité de la commune. Devant l'aspect désolé de la côte, les habitants et leurs élus demandent que des dispositions soient prises pour éviter le renouvellement d'une pareille catastrophe. Après plusieurs études, la Direction Départementale de l'Agriculture et de la Forêt propose la construction d'une piste de Défense de la Forêt Contre l'Incendie à travers la côte. Après un nouvel incendie en 1984, la piste est aménagée offrant de nouvelles possibilités d'accès aux parcelles que malheureusement peu de propriétaires n'ont pu encore exploiter.
Soucieuse de compléter ce moyen de lutte défensive par des mesures de prévention, la municipalité prend conscience du grand intérêt d'une remise en valeur des terrasses de culture. L'objectif est double : constituer des pare-feu entretenus et rendre au paysage de la côte balméenne, toile de fond du village, son caractère vivant et accueillant.
Suite à une étude foncière très fine et à une enquête réalisée en 1985 auprès des nombreux propriétaires de parcelles en terrasses, la commune décide la mise en place de trois opérations pilotes à valeur démonstrative, dont elle confie la responsabilité à l'Association pour la Participation et l'Action Régionale (APARE).
La première action est la création d'un verger conservatoire des diverses variétés fruitières autrefois cultivées sur le site. La remise en état, l'aménagement et l'ouverture au public du terrain acquis par la commune à cet effet sont entièrement réalisés par des chantiers estivaux de bénévoles et le lycée agricole de Carpentras.
La seconde consiste en l'organisation de journées de formation aux techniques de taille de l'olivier, de débroussaillement et de reconstruction de murs en pierre sèche, journées ouvertes à tous, et en particulier aux propriétaires qui ne sont pas agriculteurs et habitent parfois une autre commune, voire une autre région. Le succès de ces journées prouve que les arguments financiers ne suffisent pas à expliquer l'intérêt qu'éprouvent les propriétaires à s'occuper à nouveau d'une olivette. Récolter en famille, porter ses olives au moulin du village, en récupérer une huile fameuse procure un plaisir évident. Il s'agit d'une sorte de loisir qui permet au consommateur de se transformer en producteur amateur.
La troisième action consiste en l'élargissement d'un chemin rural reliant le village à la piste D.F.C.I. pour permettre aux propriétaires désireux d'entretenir leurs oliviers, voire de planter de la vigne, d'accéder à

leurs parcelles avec des engins motorisés. Mais en matière de foncier, les négociations sont longues et, à la fin du mois d'août 1989, cette action n'était toujours pas réalisée quand un incendie embrasa de nouveau toute la côte, ne s'arrêtant qu'en bordure des parcelles cultivées. Sur le verger conservatoire, encore en chantier et entouré de parcelles en friche, le feu se contenta d'enflammer la végétation basse sans parvenir à détruire les oliviers déjà dégagés.

Après ce troisième incendie, au cours duquel un pompier fut grièvement blessé, il apparaît encore plus clairement qu'il ne suffit pas de déblayer le bois brûlé et de replanter des arbres en utilisant momentanément les financements exceptionnels de l'État ou de la Région et la bonne volonté de bénévoles révoltés par le spectacle désolant des arbres calcinés. La commune doit encore accentuer son action pour convaincre les propriétaires d'entretenir ou de faire entretenir chaque année leurs parcelles ou alors de les vendre. L'aspect verdoyant qui réapparaît seulement deux ou trois années plus tard ne doit pas faire illusion, ni faire retomber la vigilance : après chaque incendie la végétation arbustive qui repousse est encore plus sensible au feu, tout retard ou toute négligence concernant la réalisation d'un programme de prévention peut avoir des conséquences extrêmement coûteuses voire dramatiques. Des réflexions doivent s'engager pour mettre en place « à chaud », juste après l'incendie, des conventions adaptées à chaque cas de figure et renouvelables chaque année entre la commune, les associations, les agriculteurs, les entreprises d'entretien de la nature et les propriétaires pour que soit assuré à l'avenir et régulièrement l'entretien des parcelles, tout au moins des plus stratégiques concernant le paysage et la sécurité. Il s'agit véritablement d'un état d'urgence.

2

Pour en savoir plus :

MAZOYER (S), *Remise en valeur des terrasses de culture abandonnées à Beaumes-de-Venise, Vaucluse* – 1987.

Beaumes-de-Venise :
1 – Parcelle d'oliviers cultivés.
2 – Équipe de débroussaillement du lycée agricole de Carpentras.
3 – Journée de démonstration : taille de l'olivier.

3

Dans chacune des deux dernières communes analysées, l'expérience de l'incendie est à l'origine des actions engagées pour une remise en valeur paysagère. Malheureusement le feu n'attaque pas seulement les anciennes oliveraies, mais toutes les zones à l'abandon. La meilleure solution pour arrêter rapidement un incendie est une campagne entretenue. Si l'agriculture n'y suffit plus, il devient essentiel de soutenir toutes les forces qui peuvent la suppléer.

Même si les conséquences de l'abandon des terres ne sont pas toujours aussi tragiques, les incendies révèlent la fragilité des thèses selon lesquelles le retour à la friche de milliers d'hectares de terres agricoles serait favorable à la qualité de l'environnement. Nos paysages sont d'autant plus fragiles qu'ils ont été intensément construits. Espérer un retour spontané à un équilibre naturel qui, au demeurant, nécessiterait des centaines d'années, apparaît de plus en plus clairement comme un leurre, ou comme une manière de se décharger de la responsabilité d'avoir à gérer et entretenir la nature. Épuiser les sols sous prétexte d'en tirer le maximum de produits agricoles procède de la même négligence.

Ci-dessus : Beaumes-de-Venise : avant et après l'incendie d'août 1989 ; seules les parcelles débroussaillées ou cultivées ont été épargnées.

Ci-contre : Entrevaux (Alpes de Haute-Provence), les jardins des oliviers.

jardins et maisons

« ... Il se trouve maints endroits où aucunes singularités qui d'elles-mêmes se font bien estimer, comme promontoires, rochers, mottes, tertres, lacs, grottes ou cavernes, fontaines et autres semblables, auprès desquelles vaut mieux bâtir qu'ailleurs afin que l'édifice en soit digne de la plus grande admiration. »

L.B. Alberti
De Aedificatore, 1553

La terrasse est aussi le lieu de l'habité. Accueillante et confortable, elle offre ses gradins pour s'asseoir et se reposer, goûter le paysage ou s'isoler dans le labyrinthe des murs. La maison s'accroche à la pente par le dégradé des terrasses qui portent le jardin, prolongement à vivre des espaces intérieurs. Le jardin précède aussi parfois la maison, il prépare le terrain pour le rendre confortable, génère le cabanon, maison en devenir. Nature interprétée, recréée, idéalisée, humanisée, le jardin est déjà, vis-à-vis d'une nature belle mais inquiétante, une première enveloppe protectrice que les murs de la maison viendront conforter. Refuge, lieu de repli, la maison et son jardin sur les terrasses sont aussi, à l'inverse, le centre où se concentrent les forces de conquête, de colonisation de la nature, le lieu de création d'un modèle qui doit composer le paysage environnant à notre image et à notre goût.

Jardins en terrasses
du jardin méditerranéen jusqu'à Le Nôtre

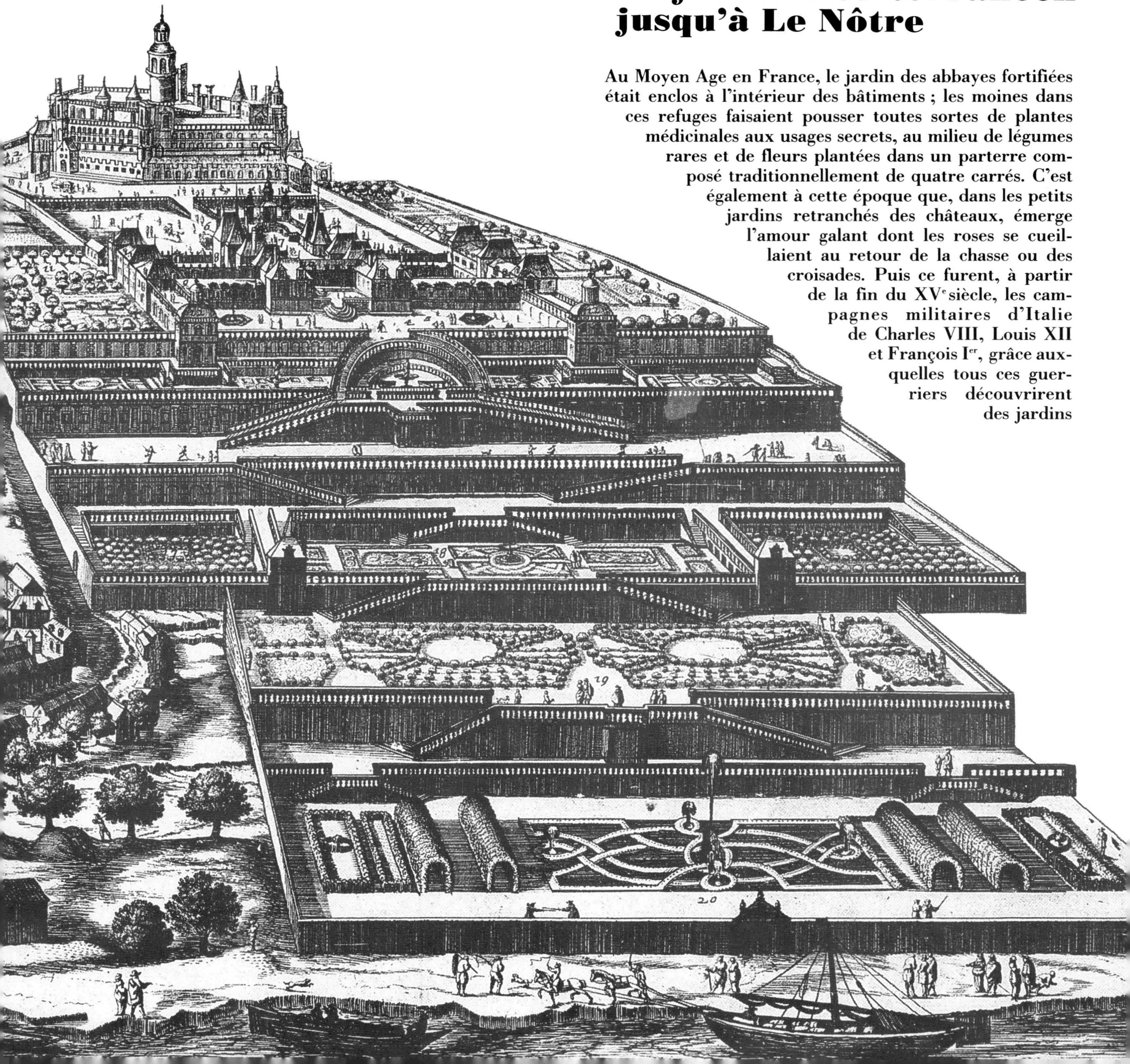

Au Moyen Age en France, le jardin des abbayes fortifiées était enclos à l'intérieur des bâtiments ; les moines dans ces refuges faisaient pousser toutes sortes de plantes médicinales aux usages secrets, au milieu de légumes rares et de fleurs plantées dans un parterre composé traditionnellement de quatre carrés. C'est également à cette époque que, dans les petits jardins retranchés des châteaux, émerge l'amour galant dont les roses se cueillaient au retour de la chasse ou des croisades. Puis ce furent, à partir de la fin du XVe siècle, les campagnes militaires d'Italie de Charles VIII, Louis XII et François Ier, grâce auxquelles tous ces guerriers découvrirent des jardins

Ci-contre : Le château royal de Saint-Germain-en-Laye.

totalement nouveaux, libérés, qu'ils qualifièrent de « nouvel Eden », de « paradis terrestre ». Conçus pour le luxe et la splendeur, ils étaient un lieu de divertissement et chacun venait s'y donner en théâtre au milieu de plantes exotiques, de bassins, de sculptures, de jeux d'eau et de lumière. Il fallut quelques temps jusqu'à Le Nôtre pour intégrer et transformer les principes italiens(conception des jardins en liaison avec l'architecture des palais, ouverture de ceux-ci vers l'extérieur), et pour saisir le parti qu'en pouvait tirer un monarque désireux d'imposer d'une manière évidente sa puissance et sa domination du haut de la plus haute terrasse du parc du château de Versailles.

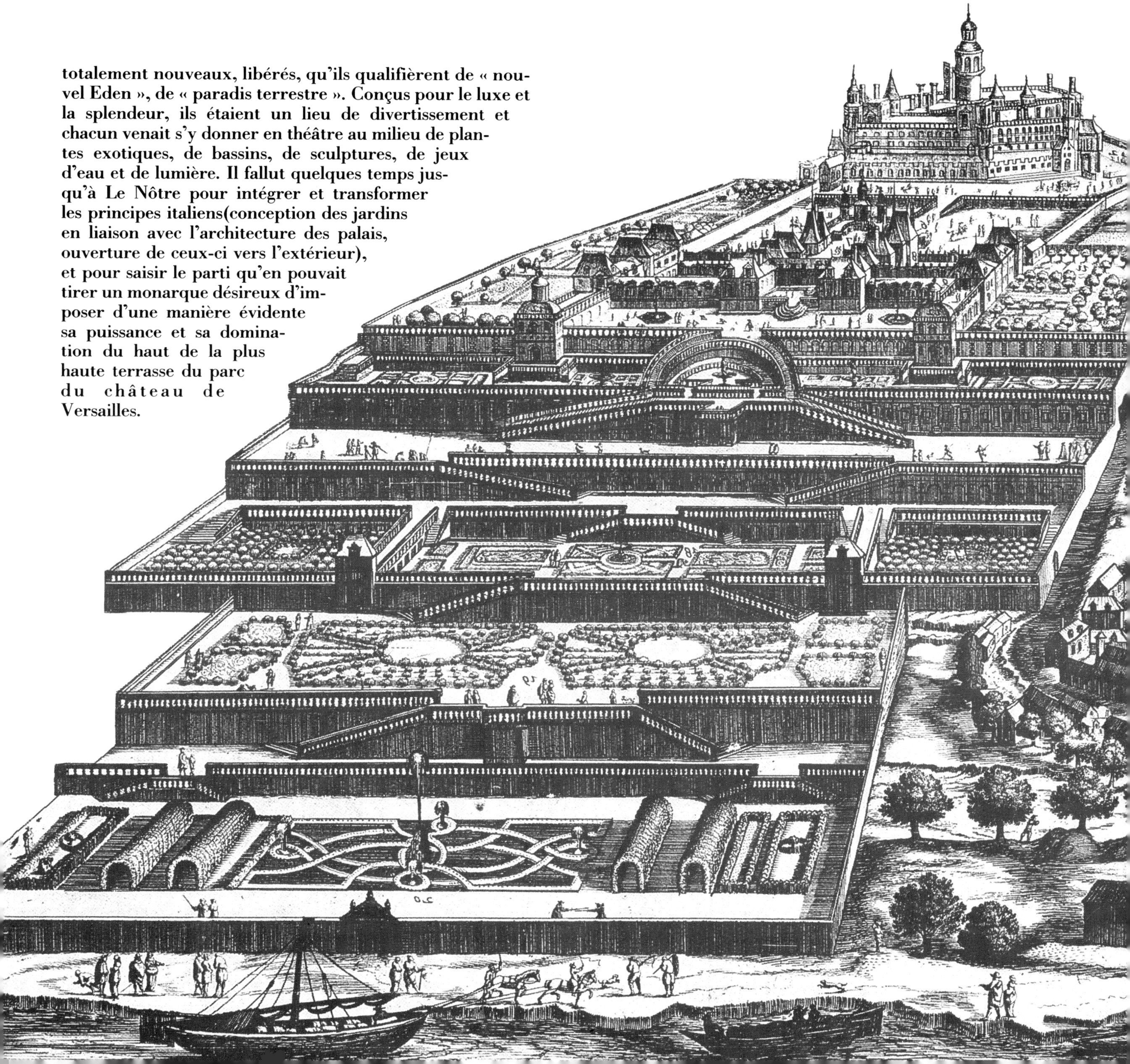

1 – Vue perspective de l'orangerie et du château de Versailles.
2 – Méthode de tracé d'une terrasse, extrait de : La théorie et la pratique du jardinage, *Dezallier d'Argenville, 1709.*
3 – Castiglione, Theatrum Sabaudiae, 1680.

1

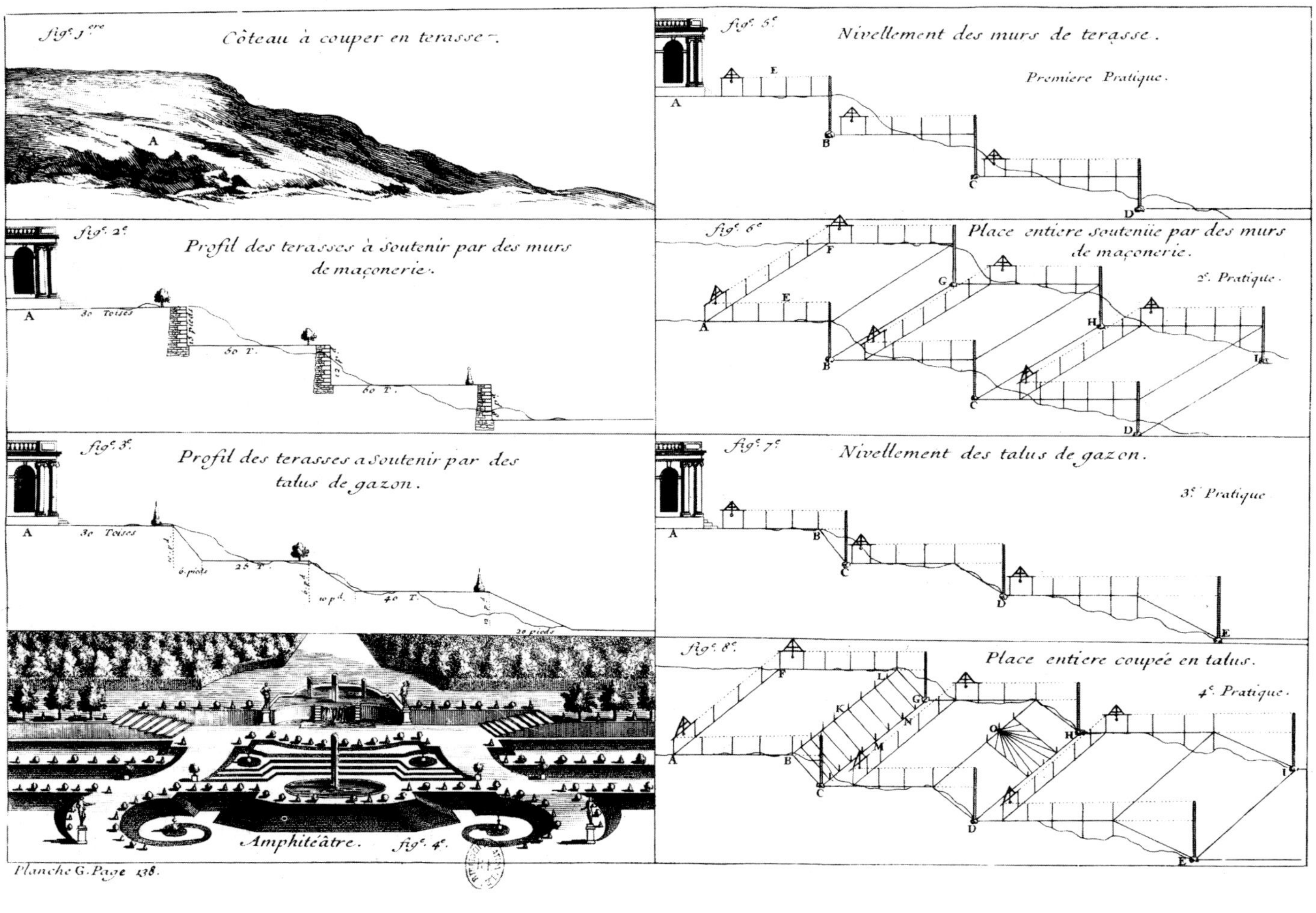

2

Ainsi on retrouve des terrasses dans toute l'Europe, implantées jusque dans les plaines les plus plates de Russie. Pourtant à l'origine, les jardins italiens, et sans doute également ceux des bastides de Provence, n'avaient fait qu'améliorer, pour le plaisir, le système des jardins utiles, nécessairement conçus en terrasses, pour remédier à la pente et aux contraintes hydrauliques, autour des villes méditerranéennes perchées. Les superbes jardins classiques du XVIIe siècle ainsi stylisés, francisés, s'agrémentent des mêmes canaux, murets, bassins, grottes, escaliers, cascades que ceux rencontrés dans les montagnes des Cévennes ou du haut pays niçois, régions trop pauvres pour avoir pu créer d'autres jardins que ceux, magnifiques, qu'elles offraient à la vue de qui voulait bien venir jusqu'à elles, paysages méconnus des puissants peu intéressés par l'avenir de l'agriculture et des paysans de leur pays.

Il n'est pas sûr que beaucoup de paysans maçons provençaux furent appelés à construire d'autres jardins que ceux des bastides du sud de la France. Par contre les paysagistes des grands jardins français firent appel aux meilleurs spécialistes italiens pour résoudre leurs problèmes hydrauliques et ce sont des architectes et ingénieurs habitués à construire des places fortes qui reçurent mission de conduire les travaux de soutènement, de construction des terrasses, des bassins et allées.

Le Roi était d'abord un homme de guerre. La vue dégagée grâce aux immenses perspectives et aux gradins successifs, les joutes nautiques dans les bassins, les feux d'artifice, devaient, mêlés aux plaisirs des sens, rappeler la puissance de celui qui, de son palais surélevé, dirigeait l'ensemble. Pourtant les plus beaux jardins à la française avaient su réserver, dans une ligne générale extrêmement ordonnancée, une place au caprice, à la surprise. Dans ces jardins, symbole de la domination de la nature par la raison, les bosquets jouent un rôle fondamental comme lieux magiques, intimes, et rappels d'une nature libre, non maîtrisée. C'est d'ailleurs essentiellement dans les bosquets que le Roi Soleil conduisait ses visiteurs dans le guide commenté du parc de Versailles qu'il a rédigé. Les successeurs de Le Nôtre ne retinrent que les symétries

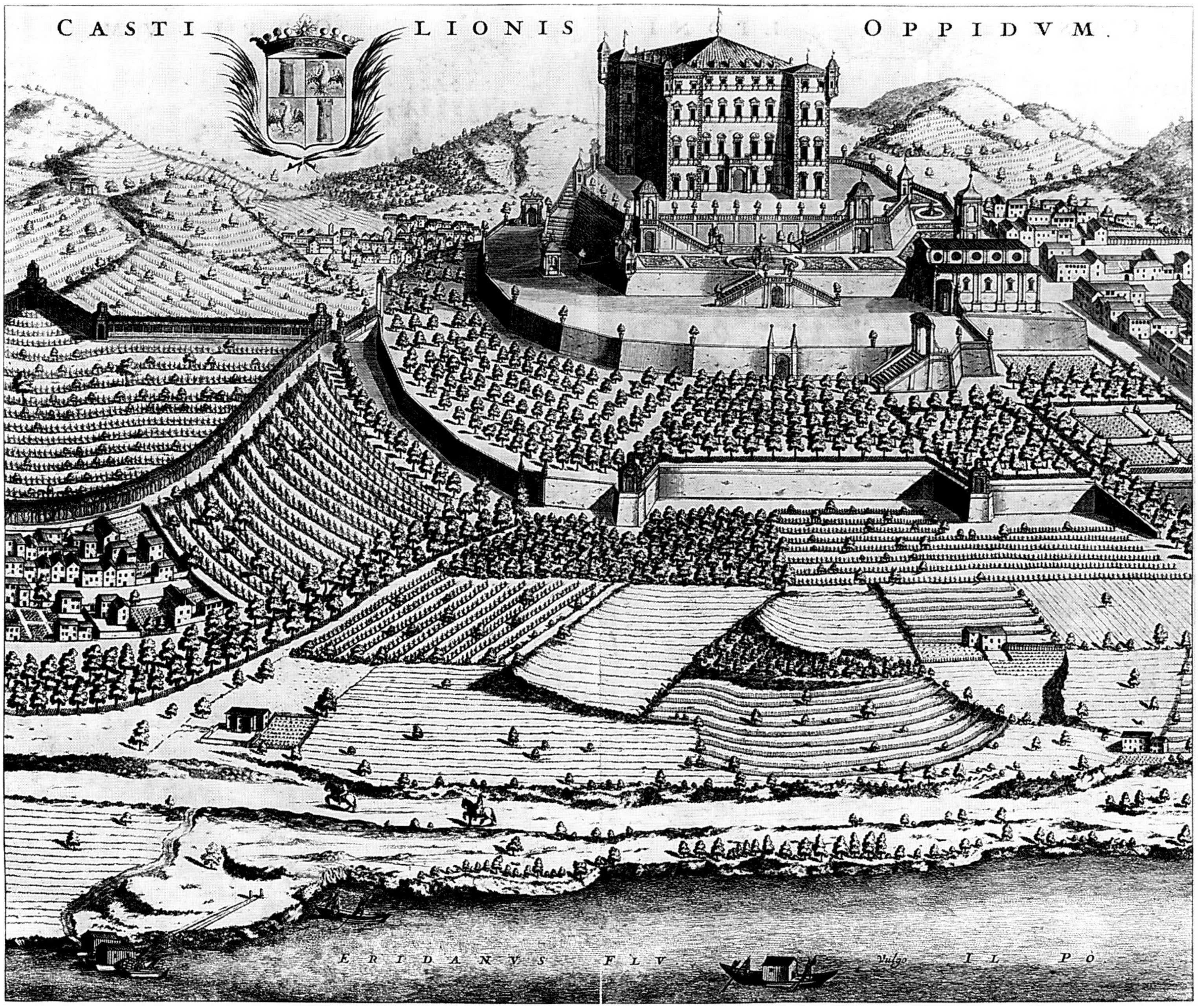

3

des modèles mal assimilés. En réaction, les terrasses disparurent momentanément des jardins français.

L'histoire des terrasses dans le jardin de Cour reste encore à écrire. Sans doute pourrait-on la lier à celle des orangeraies plantées sur une partie de celles-ci tout au long de leur cheminement dans le temps et dans l'espace. Sans remonter aux jardins suspendus de Babylone, ni aux villas romaines, il faudrait rechercher leurs origines vers le Xe siècle en Sicile, alors musulmane, quand les jardins d'agrément reprenaient les formes du jardin vivrier méditerranéen. Ce serait donc le jardin méditerranéen irrigué, d'origine arabe, débordant de fruits et de légumes, qui serait à l'origine des jardins de Cour italiens puis des jardins à la française, tout au moins pour l'aspect technique de la construction des terrasses et des systèmes de drainage et d'irrigation.

En remontant vers le Nord, le rapport de cette forme paysagère avec l'agriculture va perdre toute sa signification pour ne conserver que sa fonction esthétique ; quant aux orangers, devenus des objets exotiques et décoratifs, ils sont mis à l'abri dès que l'hiver s'annonce.

Pour en savoir plus :

ADAMS (W.H.) – *Les jardins en France, le rêve et le pouvoir – 1500-1800*, 1980.

1

2

1 – Isola Madre (Italie du Nord).
2 – Villa Cighi (Toscane).
3 – Gourdon (Alpes-Maritimes), terrasses du château.
4 – Nîmes (Gard), jardins de la Fontaine.

3

4

1

Du travail au plaisir
du paysage au jardin

Hier, dans la région de Toulon, il était de tradition que les officiers de marine prennent des bagnards à leur service pour des travaux agricoles sur leurs nombreuses terres des environs et particulièrement sur les flancs du Mont Rieux.

Cette pratique, souvent occulte, arrangeait tout le monde. Les officiers disposaient d'une main-d'œuvre presque gratuite. Les forçats, en contrepartie d'un travail pénible, pouvaient se constituer un petit pécule ou, au moins, bénéficier d'un régime de faveur.

L'Arsenal, qui ne pouvait occuper réellement ses 3 000 bagnards, s'en déchargeait d'une partie. L'officier, qui demandait 10 à 20 hommes pour une corvée, les nourrissait, ce qui permettait à l'économe de diminuer ses frais d'autant. De 1748 à 1870, grande période à la fois pour le bagne de Toulon et pour l'extension des terrasses de culture, ont ainsi été montés bien des murs de pierre sèche, murs d'épierrage, murs de soutènement ou murs de clôture, grâce auxquels le propriétaire pouvait chasser toute l'année « dans ses possessions attenant à une habitation et entourées d'une clôture continue » conformément à l'article 366 du Code Rural. On reconnaît à l'appareil particulièrement soigné des murs qui parcourent les reliefs de la région toulonnaise l'œuvre des bagnards maçons et tailleurs de pierre. C'est depuis cette époque que parfois s'applique tout à fait abusivement l'expression de « travail de bagnard » à la construction des terrasses.

Aujourd'hui, tous les étés, après chaque incendie, scouts, jeunes demandeurs d'emploi affectés à des Travaux d'Utilité Collective, prisonniers bénéficiant de peines de substitution consistant en des Travaux d'Intérêt Général, volontaires bénévoles, voire soldats, sont envoyés par centaines à l'assaut des collines noircies, des troncs calcinés. Cette pratique, souvent conduite à grands renforts de publicité, arrange encore tout le monde, même si les résultats sont loin d'être à la hauteur des efforts dépensés, souvent par manque d'encadrement. Il y a pourtant dans toute cette énergie, utilisée ici comme caution d'une absence de réel projet paysager, une sensibilité et un potentiel d'une grande richesse. La plupart des opérations décrites dans cet ouvrage le démontrent quand, à l'origine, nous retrouvons des associations dont les membres ont su, par leur enthousiasme et la qualité de leur travail, entraîner dans leurs projets, jusqu'à ce qu'ils les fassent leurs, des agriculteurs, des propriétaires, des communes. Les élans, les aspirations, les capacités de ces « chiffonniers de l'espace » sont, à peine exacerbés, ceux de la société tout entière. Population parfois marginale, appliquée à rendre une âme à des espaces marginaux, elle représente un atout considérable pour qui saura l'écouter, capter son énergie et la force de ses propositions.

Ce qui était travail de bagnard est devenu, pour tous ces amateurs bénévoles passionnés, fervents d'une « écologie concrète », plaisir de transformer les friches en jardins pour l'agrément, bonheur de produire. Jardins botaniques, écomusées, conservatoires, arboretum se multiplient ainsi en réaction à la banalisation du paysage.

A **Oppède**, en Vaucluse, le maire de la commune s'inquiétait de cette tendance qui efface du paysage de collines les empreintes de l'histoire. Un site de terrasses était à vendre. La commune l'achète et confie au Parc Naturel Régional du Luberon qui s'adjoint la sensibilité de deux paysagistes, Véronique Fornige et Dominique Kerne, la création d'un jardin pour le repos, le plaisir des sens, la mémoire des formes et des mots. Les richesses botaniques de la montagne qui y ont été concentrées permettent un voyage immobile au milieu des dénominations variétales qui font rêver autant qu'apprendre, de la même manière que le jardin exotique du XIXe siècle permettait de parcourir le monde sans voyager, par la magie des noms de plantes qui s'y trouvaient.

Tout près de là, à **Goult**, une association d'environnement a mobilisé toutes ses forces pour faire un musée d'une portion de paysage. Murs, cabanes, aiguiers et escaliers surgissent des broussailles et restituent l'atmosphère minérale du quartier dénommé Jérusalem. Les sentiers, agrémentés de quelques panneaux discrets, viennent aider le promeneur à comprendre le site. Lieux pour apprendre mais aussi lieux pour la fête, où la musique emplit chaque année l'amphithéâtre de pierres sèches, perpétuant l'écho d'un paysage sonore qui s'était tu.

1 – Puget-Rostang (Alpes-Maritimes), chantier de restauration de terrasses, écomusée du pays de la Roudoule.
2 – Puget-Rostang (Alpes-Maritimes), expérimentation de blocs préfabriqués pour le soutènement, écomusée du pays de la Roudoule.
3 – Gordes (Vaucluse), jardin en terrasses.

2

3

1

2

A **Puget-Rostang**, dans les Alpes-Maritimes, le maire, avec l'appui du SIVOM de la moyenne vallée du Var, cultive sa passion pour l'olivier et le paysage, en créant l'écomusée du pays de la Roudoule. Conservation de variétés et pratiques anciennes se combinent avec l'expérimentation de nouvelles techniques d'édification des murs et l'essai de cultures alternatives. Ainsi, sur un même lieu, sont associés le capital du passé et les germes d'un avenir possible pour les paysages de terrasses.

A **Charance**, près de Gap (Hautes-Alpes), le Parc National des Ecrins met en place un conservatoire de variétés anciennes d'arbres fruitiers, dont le patrimoine génétique s'appauvrit du fait de la disparition de nombreuses variétés délaissées par l'arboriculture moderne. Sur une partie du conservatoire, des terrasses à l'italienne datant du XVIIIe siècle sont restaurées, avec l'ensemble de leur réseau hydrographique, pour accueillir quelques-uns de ces fruitiers ainsi que des variétés oubliées de roses, céréales, plantes potagères. Les terrasses constituent la vitrine du conservatoire, lieu privilégié pour la mise en scène des espèces dans un souci de communiquer au public, d'une manière plaisante, l'intérêt de la préservation de ce patrimoine.

Et partout, dans les pays de terrasses, 3 ou 4 planches superposées de tomates, haricots ou carottes, quelques banquettes d'oliviers ou d'amandiers, une ou deux faïsses de vigne ou quelques carrés de fleurs mitent le tapis uniforme des broussailles qui dévalent les versants abandonnés. Murs amoureusement reconstruits, terre régénérée, parcelles minutieusement entretenues, plantations au cordeau ou poétiquement distribuées, cabanons plus ou moins autorisés, aménagements à l'esthétique naïve, composent ces petits coins où il fait bon vivre, où l'on vient se réfugier pour goûter l'air et cultiver l'amour du vivant.

Ces jardins ressemblent aux jardins des cités ouvrières du siècle dernier, dont il reste des témoins sur les terrasses qui entourent les cités minières de Rochesadoule ou de Saint-Ambroix dans le Gard, vestiges des jardins du maintien de l'ordre que les compagnies houillères ont cédés aux anciens mineurs, retraités ou chômeurs. Mais, paternalisme et nécessité de remplir l'assiette ne suffisent plus aujourd'hui pour expliquer la prolifération des potagers et vergers familiaux contemporains.

Peut-être répondent-ils à une aspiration fondamentale vers les valeurs du vivant, qui se manifeste aussi dans la « redécouverte » depuis quelques années des jardins historiques ou remarquables suscitant inventaires, restaurations, publications ou journées de promotion d'un patrimoine longtemps négligé. Cet appel du jardin exprime-t-il simplement une réaction à la vie urbaine, ou plus largement le désarroi devant l'évolution des paysages dans lesquels notre société ne se reconnaît plus ?

Les urbains possèdent par héritage ou acquisition une part toujours croissante d'un patrimoine foncier très morcelé qu'ils ne gèrent pas. Peuvent-ils encore longtemps se décharger sur une population agricole trop peu nombreuse de la production et de l'entretien d'un paysage dont ils sont les consommateurs ? Toutes ces parcelles de territoire sont peut-être les laboratoires où s'imaginent et se construisent les nouveaux modes de gestion du paysage de demain.

3

1 – Goult (Vaucluse), une vue du conservatoire de la terrasse.
2 – Goult (Vaucluse), fête de l'environnement et du paysage, 1989.
3 – Pont-du-Loup (Alpes-Maritimes), jardin potager.
4 – Luceram (Alpes-Maritimes), jardin familial.

4

1

Promenades architecturales

2

La route dévale longuement les pentes d'un maquis. Dominant la mer que l'on atteint bientôt, le jeu complexe des volumes de la résidence Voltera à **Ramatuelle**, dans le Var, se détache sur le rivage qu'elle surplombe.

Les parkings et garages encastrés dans la pente à l'amont de la résidence marquent la fin de la route et convient à abandonner la voiture pour se laisser guider par la pente le long des ruelles étroites qui irriguent, d'amont en aval, un ensemble très dense de maisons individuelles, réunies par mitoyenneté de part et d'autre de la voie. Cette densité confère aux espaces collectifs, ruelles, passages piétons en escaliers, placettes, un caractère intime et un confort climatique appréciable en été comme en hiver.

L'architecture des maisons joue avec la pente en superposant deux ou trois niveaux en duplex ou triplex. L'étage inférieur, calé dans la pente, s'étire le long des courbes de niveau, comme pour retenir la terre. Ceux du dessus s'en dégagent au contraire, allongeant leurs volumes dans le sens de la pente, ménageant ainsi de spacieuses terrasses qui permettent de varier l'orientation des vues et de l'ensoleillement. Le volume des séjours s'élance en porte-à-faux vers la mer, exprimant avec plus de force les vides et le vertige de l'escarpement.

On pénètre par le haut ou par le bas dans ces maisons, selon leur position en amont ou en aval par rapport aux ruelles, ce qui contribue à des organisations de haut en bas ou de bas en haut qui bousculent quelque peu la superposition classique, de la cave au grenier, de la maison traditionnelle.

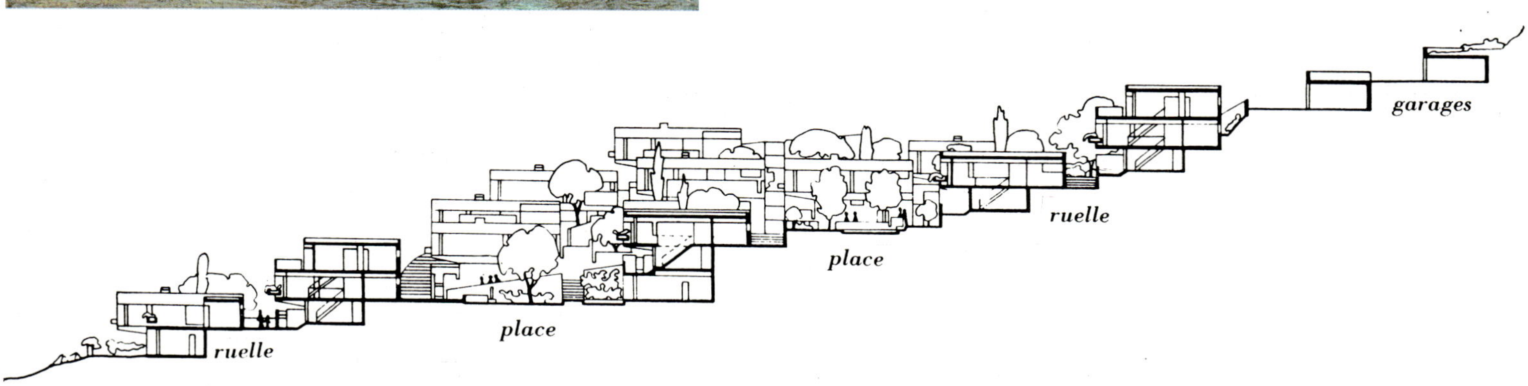

3

4 

 5

Une bonne utilisation de la pente dégage des vues lointaines pour chacune des maisons et isole jardins et terrasses des regards indiscrets, ce qui aurait été impossible, à densité équivalente, sur un site plat. Cela permet à l'architecte Louis Arretche et à l'Atelier de Montrouge de limiter l'impact visuel de la perception extérieure de l'ensemble à une surface réduite de ce site sensible. La variété des dispositions des maisons, une adaptation de chacune au terrain, la superposition de volumes dans des sens opposés créent la diversité paysagère tout en conservant à l'ensemble une unité architecturale forte. Le regroupement des garages à l'extérieur du hameau est bien accepté par les habitants qui en retirent calme, sécurité, absence de pollution, espaces de qualité. On peut regretter qu'un projet aussi intéressant, âgé de 25 ans déjà, ait si peu inspiré ceux qui ont construit sur les autres versants en terrasses de cette région.

C'est par l'aval au contraire que l'on aborde le Village Vacances d'Air France à Gassin, dans le Var. Ici, les architectes de l'AUA, Paul Chemetov et Jean Deroche, ont fractionné les différents éléments du programme pour les répartir en fonction de la pente. Les parkings sont organisés sur trois terrasses successives, dans une zone peu pentue, à l'entrée de l'équipement. Les services communs (accueil, restaurant, bar etc.) occupent un replat du terrain. Les unités d'hébergement, fractionnées en 4 hameaux, sont réparties en amont, là où la pente est plus forte. Chaque hameau organise l'hébergement en jardins-terrasses autour d'une placette centrale ouverte sur le paysage. Cette disposition, avec superposition partielle des divers studios, libère de spacieuses terrasses individuelles protégées du regard par des jardinières et des murs bordant les circulations. Depuis la placette, les cheminements en escaliers, étroits et ombragés l'été, conduisent à chaque unité.

Cette opération accumule les réponses appropriées aux principales contraintes spécifiques aux versants méditerranéens : distinction des éléments du programme en fonction de leur plus ou moins grande adaptabilité au terrain, découpage en petits modules fractionnés sur la pente, limitation des accès des voitures, gestion des eaux de ruissellement en provenance de l'amont par le replat équipé d'un

Ramatuelle (Var), résidence Voltera, architectes : Louis Arretche et Atelier de Montrouge, 1963, 1965.
1 – Le jeu des terrasses depuis l'amont ;
2 – L'élancement des volumes vers la mer ;
3 – Coupe d'ensemble ;
4 – Passage piéton perpendiculaire aux voies ;
5 – La rue ;
6 – Les maisons sur la place.

6 

1

caniveau, gestion des eaux de ruissellement en aval des surfaces imperméabilisées.

Cette prise en compte des caractéristiques du site s'exprime par une architecture résolument contemporaine qui met en valeur les bétons bruts de décoffrage et les couvertures en voûtes de brique apparente. On peut regretter toutefois que ce parti en gradins-terrasses où chaque unité est semi-enterrée, conduise à une orientation unique des baies, solution pauvre en ce qui concerne la lumière et les vues.

2

En longeant un versant en terrasses de la montagne du Luberon, en Vaucluse, un mur de soutènement en pierre accompagne nos pas pour nous guider vers l'entrée aménagée dans le flanc nord de la « *maison mur* » construite par l'architecte Guy Colman-Hercovich. Le mur la transperce de part en part pour se prolonger jusqu'à l'extrêmité du jardin aménagé au sud.

A l'intérieur de la maison il organise les volumes en assurant la frontière entre la partie collective et la partie privative.

Une fois l'entrée franchie, laissant sur la gauche la cuisine et le salon au plafond bas, l'espace se dilate en une double hauteur surplombée par une passerelle enjambant le vide. Les baies aux orientations multiples cadrent les vues sur le paysage et modulent la lumière changeante à chaque heure du jour.

On traverse le mur par un porche pour prendre l'escalier qui mène à l'étage des chambres. Il faut le traverser à nouveau par un autre porche pour accéder à la passerelle qui conduit, en balcon sur le séjour, au salon haut et au bureau. L'escalier continue son ascension pour aboutir sur les terrasses et à une passerelle extérieure qui amarre avec légèreté la maison à la colline, vers l'amont.

Cette maison, délicatement posée sur les terrasses, sans les déranger, au milieu des arbres qu'elle ménage et qui la valorisent, joue avec raffinement de la pente et du vide qu'elle génère. Double hauteur du séjour, passerelles et escaliers volants, porte-à-faux du bow-window du salon, déclinent les sensations de vertige et de déséquilibre alors que le puissant mur de terrasse qui la transperce de part en part l'accroche solidement au versant, assurant un équilibre serein.

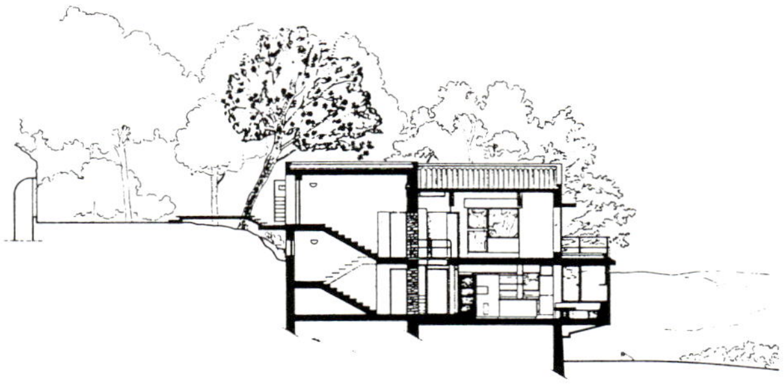

3

5

4

1 et 2 – Gassin (Var), village de vacances Air France, architectes : Paul Chemetov et Jean Deroche, A.U.A., 1967, 1970.
Cadenet (Vaucluse), maison-mur, architecte : G. Colman-Hercovitch, 1986 ;
3 – Coupe ;
4 – Le mur conduit à l'entrée en façade Nord ;
5 – La passerelle amarre la maison à l'amont ;
6 – Le mur traverse la maison de part en part.

6

Pour bâtir sur les terrasses

Les règles d'or d'un urbanisme et d'une architecture appropriés

Habiter sur les versants en terrasses, bien exposés, à l'abri du vent et des masses d'air froid des fonds de vallées, répond, aujourd'hui comme hier, à l'aspiration au « bon coin ». Mais les sites en terrasses possèdent une identité forte qu'il faut comprendre afin de leur permettre, sans dommages, de répondre à leur nouvelle vocation.

Les pentes et les sommets bénéficient d'une vue élargie et lointaine qui incite à promouvoir un urbanisme de balcon.

Sur ces sites à forte sensibilité paysagère, l'aménagement se voit de très loin. Il faut être encore plus prudent qu'en plaine. Notamment, les importants terrassements d'une voirie trop large marquent profondément et durablement l'image du versant. De même, l'habitat dispersé, développé dans l'intention de « préserver » un espace naturel y a un impact visuel maximum qui va à l'encontre du but recherché. On y privilégiera au contraire une forte densité qui restituera l'image minérale originelle du versant en terrasses en limitant l'impact à une surface réduite.

Urbaniser un versant consiste à y aménager des plates-formes pour vivre, pour circuler. La qualité de l'aménagement se distingue notamment par la manière dont est réalisée la « mise en gradins » : formes et dimensions des plates-formes, circulations entre les niveaux etc. Sur les versants en terrasses, les plates-formes existent déjà et représentent une chance pour l'aménageur qui saura les exploiter. Pourtant, dans les cas les plus fréquents, elles sont détruites : soit parce que l'on préfère adapter le terrain au projet et non le contraire, soit parce que des raisons constructives (rigidité d'une trame industrialisée) ou réglementaires (largeur des accès) sont incompatibles avec les dimensions et le rythme des terrasses, soit encore parce que la recherche du niveau de fondations nécessite des terrassements trop importants, soit enfin parce que les engins utilisés pour le chantier ne sont pas appropriés par leur dimension ou par leur poids.

Il faut au contraire profiter des potentialités du site pour y inscrire un projet qui pose comme préalable l'utilisation optimale du profil en terrasses. Les réponses satisfaisantes passent par le choix d'une programmation compatible (des équipements non fractionnables en petits modules peuvent difficilement s'inscrire sur un terrain en gradins) et d'un parti architectural qui intègre la mise en œuvre de systèmes constructifs suffisamment souples pour s'adapter au profil aléatoire des terrasses et manipulables grâce à une mécanisation légère de faible encombrement.

Au-delà du souci architectural et paysager, cette démarche d'un urbanisme « sensible » répond aussi aux nécessités techniques par la prise en compte des réalités physiques, écologiques, ethnologiques, matérialisées dans les aménagements bâtis. Le temps a façonné et mis à l'épreuve ces aménagements ; ne pas en tenir compte revient à se priver de l'analyse de site la plus fiable. Une telle négligence sur ces espaces très sophistiqués et par conséquent très fragiles ne peut manquer d'avoir des conséquences dommageables pour l'avenir du nouveau quartier, comme nous le rappelle l'accident de Menton qui, le 25 mai 1952 devait provoquer la mort de 11 personnes et la destruction de 17 immeubles. Après une période de pluies exceptionnelles, plusieurs terrasses surplombant les vallons de Fossan, du Careï et du Borrigo ont été entraînées sous la poussée des terres gorgées d'eau. Fait significatif, seules ont résisté celles qui étaient encore plantées en oliviers ou en arbres forestiers.

Ci-contre : Gordes (Vaucluse).

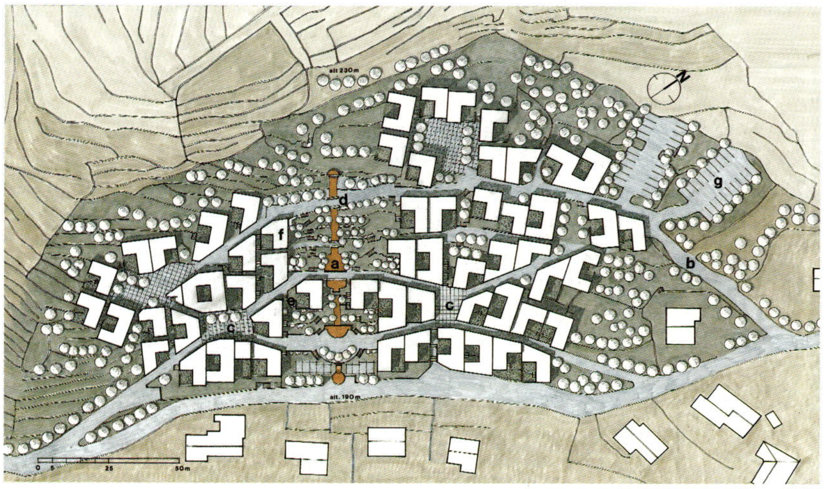

Projet d'habitat groupé sur terrasses en Vaucluse, architecte : Sébastien Giorgis, plan-masse ;
a – L'exutoire des eaux de ruissellement est traité en cascade et bassins au milieu d'un jardin. Il est implanté sur le tracé des anciens exutoires ou dans des zones de concentration des eaux.
b – Le tracé des voies en pente jusqu'à 10 % profite des chemins et rampes existants, la circulation est à sens unique sur une largeur limitée à 3 m ;
c – Placette à l'intersection des voies ;
d – Les ponts enjambent l'exutoire et son jardin ;
e – Les cheminements piétons, en rampes et escaliers, sont transversaux aux voies ;
f – L'habitat vient se caler sur ces différents réseaux. Son implantation suit le profil des terrasses, multipliant les niveaux de relation avec l'extérieur ;
g – Les parkings sont groupés dans les zones les moins pentues.

Quelques « règles de l'art » très simples aideront à l'écriture de la page contemporaine de l'histoire d'un lieu, sans pour autant effacer les pages précédentes qui fondent son identité.

1 – La délimitation de la zone constructible et l'implantation des infrastructures et des constructions sont déterminées par l'analyse hydrogéologique, écologique, morphologique et paysagère du système des terrasses sur l'ensemble du versant.

2 – L'aménagement a un impact sur l'ensemble du site. L'aménageur aura la responsabilité d'entretenir le versant en amont et de gérer les conséquences à l'aval de la zone urbanisée.

3 – L'implantation des aménagements est réalisée en conservant autant que possible la végétation et les ouvrages existants, murs, rampes, exutoires, abris. Les nouvelles constructions ne doivent jamais entraver les cheminements des eaux de ruissellement.

4 – La gestion des eaux de ruissellement générées par l'imperméabilisation des surfaces urbanisées nécessite des prescriptions spécifiques. Le cœfficient d'occupation du sol (C.O.S.) doit être faible à l'échelle du versant mais concentré à proximité des exutoires existants dont les tracés sont repris.

5 – L'aménagement doit affirmer son caractère d'urbanisme de versant caractérisé par des rues en pente, des quartiers hauts et des quartiers bas, des balcons sur le paysage. Il offre à chaque habitation des vues lointaines et variées et un ensoleillement optimum.

La conception du plan d'ensemble respectueux de ces principes commence par l'implantation des exutoires des eaux de surface sur le tracé déjà inscrit par les ouvrages existants ou résultant de l'observation géographique qui donne des indications sur les concentrations d'eau dans le fonctionnement originel du site. On projette ensuite le tracé des voies d'accès potentielles en tenant compte des chemins et rampes existants. Il est conçu pour avoir un impact minimum, d'où une largeur minimale de la chaussée qui conduit à privilégier la circulation en voie unique sans stationnement latéral. Enfin, le choix de l'implantation du bâti résultera de l'analyse des potentialités offertes par le tracé des deux réseaux précédents.

La sensibilité de l'habitant ou du concepteur fera le reste, en exploitant les riches potentialités spatiales du site en terrasse. La base « crantée » du rez-de-chaussée de l'habitation, s'étageant sur plusieurs niveaux, multipliera les relations avec l'extérieur, comme autant de prolongements des volumes intérieurs, générant le jardin suspendu, en balcon sur le paysage, le jardin secret dans le labyrinthe des murs, le jardin pour les yeux et le jardin pour la table, le paysage sonore de l'eau qui coule d'une terrasse sur l'autre. La verticale de la chute, du mur, du site, sera magnifiée par la trémie qui ouvre l'espace intérieur, dramatisée par le porte-à-faux, les balcons, les passerelles qui provoquent le vertige.

Cette approche exige un cadre réglementaire et des procédures opérationnelles appropriées. Ainsi, dans les plans d'occupation du sol (P.O.S.) est-il nécessaire de délimiter clairement les zones de terrasses et de définir un règlement spécifique. La plupart seront préservées pour leur valeur paysagère, écologique, ethnologique ou agricole. D'autres au contraire seront urbanisées en raison de leur exposition favorable, de leur situation en continuité avec l'urbanisation existante, de leur capacité à accueillir les voies d'accès et les réseaux. Il conviendra de mettre en œuvre des outils réglementaires et opérationnels trop peu utilisés en milieu rural, comme notamment les schémas d'aménagement de zone Na des P.O.S, qui intègrent une dimension graphique indispensable sur les sites en terrasses, ou encore la zone d'aménagement concertée (Z.A.C) dont l'étude d'impact et le plan d'aménagement de zone (P.A.Z) seront les garants d'une bonne prise en compte de ces exigences. L'incitation à la création d'associations foncières urbaines (AFU) qui regroupent les multiples propriétaires aidera à régler le problème d'un foncier souvent très morcelé qui rend très difficile toute démarche globale.

Reste à se poser la question de l'image architecturale qui traduira au mieux toute la démarche proposée. Dans ce domaine, les points de vue sont tranchés et résultent plus souvent de l'utilisation de stéréotypes issus de clichés du passé plus ou moins bien interprétés que d'une véritable culture architecturale dont on peut regretter la faible diffusion.

Peut-être pouvons-nous emprunter les conclusions de la Charte de Venise qui nous invite, en matière d'intervention dans ou à proximité d'un monument historique, à ce que « tout travail de complément (...) relève de la composition architecturale et porte la marque de son temps ». Appliquée au « monument historique » que représente le paysage de terrasses, la charte nous amène à intervenir dans un langage contemporain en nous appuyant sur les éléments qui expriment et symbolisent l'histoire des hommes qui l'ont façonné. Le nouvel aménagement, en conservant et mettant en valeur la structure minérale des terrasses, ses éléments construits, son environnement cultivé, répondra aux modes de vie, aux aspirations propres à notre époque et mettra en œuvre les technologies contemporaines.

Ainsi, de la même manière que nous avons le bonheur de pouvoir lire dans les paysages de terrasse, la richesse et la variété des périodes qui nous ont précédés, les générations à venir doivent avoir la chance de reconnaître dans un paysage bâti de qualité l'apport de notre temps.

Pour en savoir plus :

GIORGIS (S.) – *L'architecture et l'urbanisme sur les versants en terrasses de cultures*, 1987.

Ci-dessous : Givors (Rhône), immeuble en terrasses sur versant en terrasses, architecte : Jean Renaudie, 1978.

1

2

3

4

5

Pour une renaissance du paysage

Double page précédente :
1 – Balbiac (Ardèche)
2 – La Roquette (Alpes-Maritmes), Aspremont.
3 – Condrieu (Rhône)
4 – Suzette (Vaucluse)
5 – Rablay-sur Layon (Maine-et-Loire).

Ci-contre : Suzette (Vaucluse)

Le milieu du XXe siècle marque le début d'une nouvelle étape dans l'évolution du paysage français. L'agriculture ne doit plus répondre uniquement aux besoins de l'indépendance alimentaire nationale ou locale, mais elle est devenue un enjeu de la guerre économique que se livrent les États, un secteur d'exportation nécessitant l'accroissement des rendements. Le pétrole vert a cependant coûté cher aux paysans entraînés dans une course aux investissements signifiant pour beaucoup endettement et, en fin de compte, disparition de l'exploitation. On en connaît les conséquences paysagères : suppression des structures arborées dans de nombreuses régions de bocage tentées par la grande culture, abandon ou reboisement des terres les plus difficiles à exploiter comme dans les régions d'agriculture de terrasses. A cette évolution s'ajoutent toutes les transformations du paysage liées aux grands équipements routiers, autoroutiers, aux lignes aériennes, à l'implantation des nouveaux commerces, à la prolifération publicitaire...

Mais depuis peu, la course effrénée aux rendements lutte contre un obstacle de poids. L'alarme est donnée par l'ensemble des médias, comme si l'opinion prenait brusquement conscience qu'un événement soudain, imprévisible, s'était produit dans le monde agricole : trop de lait, trop de blé, frigos et silos regorgent, par ailleurs la CEE invente les quotas. Des terres en friches sont signalées dans des régions considérées jusqu'alors comme privilégiées : la Basse-Normandie et ses gras pâturages, le pourtour extérieur du Bassin Parisien, la Bretagne sont touchés, mais il faut encore accélérer ce mouvement ; pour résorber les excédents, il faudra payer les agriculteurs pour qu'ils laissent leurs terres sans culture : c'est la redécouverte de la jachère. Mais qui va entretenir les espaces libérés si l'agriculture n'a plus les capacités de le faire ? Qui va empêcher les agriculteurs d'augmenter les rendements, sur leurs surfaces restant en culture, grâce à toujours plus d'engrais et de pesticides ? Le gel des terres n'a pas été décidé dans l'esprit d'un changement d'orientation vers une agriculture plus douce, mais seulement dans le but de réduire les stocks dans une perspective de court terme.

Au-delà des questions, des décisions prises, c'est l'image du pays qui s'effondre : celle d'un paysage vivant, organisé, diversifié auquel la société française était attachée, reflet d'un monde rural gardien d'une certaine idée du vivant. Les touristes du nord de l'Europe, habitués à des paysages totalement maîtrisés par une agriculture industrielle, arrivent encore à trouver, en vacances pour quelques jours, un charme aux régions abandonnées du sud de la France qui leur apparaissent comme des espaces de liberté privilégiés. Mais quelle perte de culture paysagère si à l'avenir les deux seuls termes de l'alternative sont des déserts cultivés ou des déserts en friche !

L'orientation fonctionnaliste de notre agriculture se fait sans approche sensible. Il n'y a pas de projet esthétique sur lequel il y aurait un consensus social. Le paysage de l'agriculture moderne est seulement le résultat de décisions soi-disant économiques ; celui qui sert de vitrine pour les touristes est un paysage du passé, les affiches publicitaires montrent un paysage qui n'existe plus. Il y a décalage entre les références paysagères qui sont encore véhiculées et la réalité de notre agriculture. Cette absence d'approche sensible, culturelle de l'économie moderne atteint vite ses limites comme s'en rendent compte industriels, financiers, aménageurs. Les agriculteurs qui ont décidé, souvent à contre-courant, de soigner le paysage ont compris les premiers que le modèle des rendements effrénés est désormais en crise, même dans les régions favorisées.

Les caractéristiques des zones de cultures en terrasses ont imposé aux agriculteurs de conserver une connaissance approfondie de la nature, des contraintes et des richesses du vivant, sous peine de voir disparaître, bien plus rapidement que dans les régions planes, leur principal capital : la terre, et compromettre la qualité de leurs produits, base de leurs succès commerciaux. Derrière ce véritable raisonnement économique s'exprime une conception plus large de l'homme.

L'idée de qualité est une idée forte, c'est un concept économique mais surtout culturel, capable d'entraîner des énergies. Qualité des produits, qualité des paysages, qualité de la vie. Au-delà du slogan, ce sont des connaissances à acquérir, un regard à exercer, des résonances à trouver, des compétences à rapprocher. L'enjeu est de taille car c'est bien la question de l'agriculture et du paysage du XXIe siècle, en France et en Europe, qui est posée à la société tout entière. L'histoire nous enseigne que des hommes ont remporté leurs plus éclatants succès commerciaux, comme à Venise, lorsqu'ils ont su allier des démarches économiques, techniques et esthétiques. Associer les diverses démarches scientifiques à celles que l'on pourrait qualifier de sensible-paysagiste, ne signifie pas cautionner n'importe quel paysage par des décors factices ; c'est bien plutôt insérer à nouveau dans la recherche agronomique, dans les choix d'aménagement du territoire, dans les rapports à la propriété du sol, l'esprit de finesse. Il faut établir de nouvelles relations entre la ville et la campagne, les citadins et les ruraux, la nature et l'agriculture. Il faut renouer avec cette tradition léguée par des hommes comme l'ardéchois Olivier de Serres qui savaient associer culture, science, amour de l'homme et du vivant. Les conditions existent pour que ces questions, dépassant le cadre élitiste dans lequel

elles étaient confinées, s'affirment comme un des grands problèmes démocratiques de la période à venir.

A Sienne, en Toscane, dans une salle du Palazzo Publico, où siègent les dignitaires de la ville, se trouvent les deux fresques d'Ambrogio Lorenzetti : le Bon et le Mauvais Gouvernement. D'un côté la représentation du malheur avec son cortège de guerres, de famines, d'incendies et de pillages, de l'autre l'image d'une ville à égalité avec la campagne, où banquiers, marchands, artisans et paysans vivent en harmonie, de leur travail et de leurs échanges réciproques. Cette représentation réalisée dans les années 1340 au moment de la grande peste, et qui semblait être une utopie, est au fond passée dans la réalité. En Toscane, l'architecture et l'urbanisme, comme le paysage rural, reflètent cette harmonie. Les hommes d'affaires et de culture toscans surent faire les choix de raison proposés par la fresque. Ils installent, comme le suggérait l'artiste, leurs villas en haut des collines sur des terrasses dominant des jardins élégants qui dénotent leur goût pour la nature et leur savoir-faire.

Nice (Alpes-Maritimes), La Trinité.

Au-delà, c'est l'ensemble du paysage qu'ils organisent, faisant profiter de leurs connaissances techniques leurs métayers libérés du féodalisme. D'un coup d'œil, le regard peut saisir l'espace qui entoure la propriété et permet au promeneur de se l'approprier. La ville, les villas, les jardins et le paysage font partie de la composition. L'ordre exprimé par l'architecture des villas et des jardins se prolonge dans la plantation des alignements de cyprès, l'agencement des rangs de vignes et jusqu'à la manière de tailler les arbres fruitiers. L'aménagement des collines en terrasses, ou selon d'autres techniques, pour annuler ou utiliser la pente, sont autant de façons de recomposer le paysage selon les mêmes principes de clarté que ceux qui inspirèrent les grands architectes de cette période. Il s'agissait bien d'une Renaissance dans toute sa force et sa globalité. A la fois mystiques et ouverts aux sciences des arts, ces hommes allaient entraîner une région puis toute une civilisation dans un vaste mouvement dont nous sommes les héritiers. Que va devenir le paysage qu'ils ont façonné ?

Vue depuis la villa Gamberaï (Toscane).

Au fil des développements, nous avons vu surgir de nouveaux signes disparates, créations d'acteurs variés. Ceux dont nous avons décrit l'expérience avaient tous un profond désir de vivre ou d'agir dans ces pays de terrasses. Chacun, en contrepoint de sa démarche économique, révélait, sans toujours clairement l'exprimer, un projet pour l'avenir des paysages. Les clôtures électriques qui apparaissent en Corse ou en Cévennes, les nouvelles formes de viticulture, les olivettes transformées en verger familial, l'agriculture biologique, l'idée de bocage sur terrasses, les préoccupations des responsables de sociétés d'autoroutes, les nouveaux jardins dans les lotissements... sont des signes dont il faut comprendre la signification. Car c'est sans doute à partir de ce qui apparaît encore comme une sorte de grand bricolage de l'espace que progressivement se dégageront les idées force de ce que pourraient devenir l'agriculture, le monde rural et les paysages de demain, reconnus et admirés par l'ensemble de la société.

Au-delà des différences d'appréciations, des jugements portés, reflets des valeurs sociales et culturelles de ceux qui les professent, certaines formes paysagères particulièrement fortes, marquantes, font l'unanimité. Elles représentent les formes les plus proches d'une beauté que chacun avec sa sensibilité tente d'approcher. Quand il y a résonance d'un paysage avec ces formes les plus parfaites, on peut parler d'un beau paysage. Lorsqu'il existe encore cette culture du beau, une société peut créer des paysages quotidiens de qualité. Cette culture demande à la fois une connaissance concrète, sensible, venant directement du travail, de l'action, une intelligence de l'histoire et de la géographie, une connaissance affectueuse de la réalité sociale de l'époque, une capacité d'abandon à ses sentiments et à sa sensibilité esthétique personnelle.

Puisse notre époque annoncer une nouvelle Renaissance !

Pour en savoir plus :

AMBROISE (R.) et LUGINBUHL (Y.) – *Pour une esthétique du vivant*, 1989.

DESNOYERS (G.) – *De la villa au paysage. De l'agronomie à l'esthétique*, 1984.

Ci-contre et double page précédente : Ambrogio Lorenzetti, le Bon Gouvernement, vers 1340.

Quelques définitions

Si la technique de construction se retrouve avec une remarquable constance dans le temps et dans l'espace, les termes, eux, varient selon les régions pour désigner les paysages de terrasses et leurs différents éléments. Sans prétendre à l'exhaustivité, voici les plus répandus et ceux utilisés dans notre texte, assortis de quelques commentaires.

L'eau

Aiguier : *système complexe de récupération et de stockage des eaux pluviales comprenant un impluvium et une citerne généralement abritée par une construction.*

Aiguejet ou aiguière (Cévennes), gouille (Pyrénées-Orientales) : *exutoire principal pour les eaux pluviales.*

Azaïgadouïre ou espouscadouïre (Cévennes), espoueichaïre (Haute-Provence) : *« pelle à eau » pour asperger les plantes. Cette technique représente une forme primitive d'irrigation par aspersion puisqu'il s'agissait de puiser l'eau dans le béal et de la faire retomber en pluie sur les cultures jusqu'à 10 mètres de distance. Particulièrement pénible, ce travail était réservé à des cultures sensibles et peu étendues, en particulier, le semis de plantes potagères.*

Béal : *canal d'amenée des eaux d'irrigation.*

Capalière, tranchat, pied de géline : *aménagements ramifiés destinés à concentrer les eaux d'écoulement vers un exutoire principal.*

Chaussée : *barrage dans le lit d'un cours d'eau permettant de dévier une partie du courant dans un canal ou béal.*

Espassier (Basse-Provence) : *diguette provisoire pour détourner les eaux, soit pour évacuer des eaux d'écoulement, soit pour répartir des eaux d'irrigation.*

Gourgue (Cévennes) : *sorte de bassin.*

Martelière : *système plus ou moins sophistiqué et mobile permettant de couper ou de détourner tout ou partie de l'eau d'un canal.*

Mine : *galerie drainante permettant de récupérer les eaux d'infiltration diffuses dans le sol et de les capter.*

Impluvium : *surface plus ou moins pentue pour collecter les eaux pluviales et les diriger vers une citerne.*

La pierre

Une infinité de vocables désignent les terrasses, ils se rapportent soit à la plate-forme cultivée elle-même, soit au mur qui la soutient, soit à l'aménagement du versant. Cette variété, selon certains auteurs (R. Livet en particulier), attesterait la discontinuité des périodes de création de terrasses. Citons :
Accouata (Hautes-Alpes), accol (Vivarais), bancaou (Provence, Languedoc), bancel (Cévennes), baou (région d'Apt – Vaucluse), barra (région de Vialas – Lozère), colo (Rouergue), cabalière (Vivarais), chalet (Vallée du Rhône), chamba (région des Boutières – Ardèche), Echamp (Ardèche), estanco (Alpes), faïsse (Cévennes, Alpes-Maritimes), planche (région niçoise), restanque (Basse-Provence), traversier (Ardèche, Cévennes gardoises).

Arc de décharge : *dispositif utilisant le principe de la voûte clavée permettant de reporter sur les côtés une pression ou une charge trop importante.*

Banquette : *désigne généralement un aménagement de pente récent, le plus souvent réalisé mécaniquement, ne comportant pas de construction de soutènement.*
Couramment utilisé pour terrasse.

Besace : *rencontre de 2 pans de maçonnerie dont les éléments sont liés d'une assise sur l'autre. La pierre en besace est un élément d'une besace.*

Borie : *ce mot paraît avoir été introduit par les folkloristes de la fin du XIXe siècle et a bénéficié depuis d'une large diffusion, notamment touristique. Il semble inconnu avant eux dans les divers parlers provençaux pour désigner une cabane de pierres sèches.*

Clapas, clapier, pierrier : *tas de pierres. Il s'agit notamment des tas résultant de l'épierrement des terrains cultivés ou pâturés, ou du rebut lors de la construction des murs et aménagements.*

Encorbellement : *porte-à-faux d'une pierre sur une autre du rang inférieur. Ce procédé est utilisé pour la construction de « fausses voûtes ».*

Paneresse : *pierre présentant sa plus grande dimension en parement.*

Les composantes des paysages de terrasses par M. Rouvière.

Bibliographie

ADAMS (W.H.) – *Les jardins en France, le rêve et le pouvoir – 1500-1800*, l'Équerre, 1980, 159 p.
AMBROISE (R.) – Un programme expérimental Terrasses, *Métropolis*, n° 58-59, 4/1983, pp. 84-85.
AMBROISE (R.) & LUGINBUHL (Y.) – Pour une esthétique du vivant, *Métropolis*, n° 84-85, 2/1988, pp. 14-18.
AMOURETTI (M.C.) & COMET (G.) – *Le livre de l'olivier*, Aix-en-Provence, Edisud, 1985, 173 p.
ARENE (P.) – *La chèvre d'or*, Paris, Plon.
BACHOUA (A.H.) & al. – *Synthèse sur différents aménagements de zones en terrasses dans le Sud-Est de la France*, Paris, ENGREF, 1986, 48 p.
BAZZANA (A.) & al. – L'hydraulique agraire dans l'Espagne médiévale, in *L'eau et les hommes en Méditerranée*, Paris, Éd. du C.N.R.S., 1987, pp. 43-66.
BLANC (J.F.) – *Paysages et paysans des terrasses de l'Ardèche*, Privas, chez l'auteur, 1984, 321 p.
BLANCHEMANCHE (P.) – *Bâtisseurs de paysages*, Paris, Maison des Sciences de l'Homme, 1990.
BLANCHEMANCHE (P.) – *L'agriculture sur les terrains en pente et les cultures en terrasses du bassin méditerranéen*, Paris, rapport de D.E.A., E.H.E.S.S., 1982, 29 p.
BLANCHEMANCHE (P.) – *Les terrasses de culture des régions méditerranéennes – Terrassement, épierrement et dérivation des eaux en agriculture – XVIIe-XIXe siècles*, Paris, Mémoire de Doctorat de 3e cycle en Ethnologie, E.H.E.S.S., 1986, 275 p.
BODARD (P.) – Quelques témoignages archéologiques sur la culture de la vigne dans le haut-pays niçois, *Bulletin de l'Institut de Préhistoire et d'Archéologie des Alpes-Maritimes*, T. XXVIII, 1986.
BONNASSIE (P.) – *La Catalogne, du milieu du Xe à la fin du XIe siècle – Croissance et mutation d'une société*, Toulouse, 1975.
BOSCO (H.) – *Le Mas Théotime*, Paris, Le livre de poche n° 557-558, 1952, 446 p.
BOUET (A.) & FRAPA (P.) – *Des agriculteurs en terrasses – analyse, synthèse*, Avignon, APARE, 1983, 86 p.
BOUET (A.) & COLLADO (J.) – *Étude pour la remise en valeur de la Côte Balméenne (Beaumes-de-Venise, Vaucluse) I*, Avignon, APARE, 1983, 62 p. + annexes.
BURGER (G.C.) – *La guerre du cru*, Paris, Éd. R. Faloci, 1987, 221 p.
CARLAT (M.) – Aux sources de l'architecture rurale vivaroise, in *Architecture ancienne et urbanisme en Ardèche – Actes du colloque de Vinezac*, Lyon, La Manufacture, 1986, pp. 69-80.
CARLI (E.) – *Le paysage dans l'art*, Paris, Fernand-Nathan, 1980, 319 p.
CASTEX (J.-M.) – *L'aménagement des pentes et des sols dans les Alpes-Maritimes et le Var*, Nice, Université de Nice – Laboratoire Raoul-Blanchard, 1980, 72 p.
CASTEX (J.-M.) – Une carte au 1/100 000e des aménagements des pentes et des sols dans le haut-pays des Alpes-Maritimes, *Revue d'analyse spatiale*, n° 17, 1984, pp. 43-56.
CASTEX (J.-M.) – Effets des pluies des 25-26 septembre 1981 sur les aménagements de pente au Nord-Ouest de Nice (Alpes-Maritimes), *Méditerranée*, n° 4, 1985, pp. 69-75.
CASTEX (J.-M.) – Accroissement des risques d'érosion des aménagements des pentes à Berre-les-Alpes et Contes (Alpes-Maritimes) à la suite de l'incendie de juillet 1986, *Revue d'Analyse spatiale*, n° 24, 1988, pp. 153-155.
CASTEX (J.-M.) – Évolution des aménagements récents dans les secteurs horticoles et viticoles des collines du delta du Var (banlieue niçoise), *Études méditerranéennes*, fasc. 12, 1988, pp. 341-348.
CHABROL (J.-P.) – *Le Crève-Cévennes*, Paris, Plon, 1972, 233 p.
CHAPTAL – *Mémoires de la Société Centrale d'Agriculture*, T. 1.
CORDOLEANI (M.) – *Composantes linéaires du paysage agraire provençal – Possibilités et limites d'intégration dans le P.O.S. d'Auriol (Bouches-du-Rhône)*, Aix-en-Provence, D.R.A.E.-P.A.C.A., 1983, 118 p.
COSTE (P.) & MARTEL (P.) – Pierre sèche en Povence, *Revue Alpes de lumière*, n° 89-90, 1986, 88 p.

COURSIALLE (C.) – *Les bancels ou la mort d'un paysage*, Mémoire de maîtrise, Université Paris IV, 1985, 200 p.
DAGORNE (A.) & MAITROT (J.-J.) – *Agora-Nice, une forme d'habitat paysager sur restanques en zone péri-urbaine*, Nice, Université de Nice – Laboratoire Raoul-Blanchard, 1985, 17 p.
DAGORNE (A.) & allii – L'érosion des sols en zones incendiées, le cas de la zone du Paillon de Contes (Alpes-Maritimes) – Incendie de juillet 1986, *Revue d'Analyse spatiale*, n° 24, 1988, pp. 139-152.
DAINVILLE (F. de) – *Le Dauphiné et ses confins vus par l'ingénieur d'Henri IV, Jean de Beins*, Paris, Librairie Minard, 1968.
DEFFONTAINES (J.-P.) – Une huerta de littoral montagnard : Bañalbufar, *Méditerranée*, n° 4, octobre-décembre 1960, pp. 59-75.
DESNOYERS (G.) – De la villa au paysage – De l'agronomie à l'esthétique, in *Jardins en terrasses – Terrasses en culture hier et aujourd'hui*, Voyage en Toscane du 23 au 29 mai 1984, Ministère de l'Urbanisme et du Logement, Paris, Mission du Paysage, 53 p.

DENIEUL (M.) – Président d'Autoroutes du Sud de la France, Interview, *Metropolis*, n° 80, 2/1987, pp. 6-11.
DOBREMEZ (J.-F.) & allii – *Les collines du Népal central – Écosystèmes, structures sociales et systèmes agraires*, 2 tomes, Paris, INRA, 1986, 182 p. & 190 p. + carte.
DURAND (A.) – Apport des sources historiques du Moyen Age Central à l'histoire des travertins du Midi de la France, in Les édifices travertineux et l'histoire de l'environnement dans le Midi de la France, *Travaux U.A.-C.N.R.S. 903 et A.T.P.-P.I.R.E.N.*, n° XVII, 1988, pp. 108-116.
DURAND-TULLOU (A.) – Les constructions à pierres sèches des Causses de Blandas et de Campestre (Gard), *L'Architecture vernaculaire rurale*, T. IV, 1980, pp. 34-84.
EDELSTEIN (G.) & GAT (Y.) – Terrasses autour de Jérusalem, *Land and nature*, 1980 (en hébreu).
EDELSTEIN (G.) & KISLEV (M.) – Mevasseret Yerushalayim – The ancient settlement and its agricultural terraces, *Biblical archeologist*, winter 1981, pp. 53-56.
EDELSTEIN (G.), GAT (Y.) & GIBSON (S.) – Production agricole et conservation de l'eau autour de Jérusalem, *Qadmoniat*, vol. XVI, 1983 (en hébreu).
EL AMAMI (S.) – *Les aménagements hydrauliques traditionnels en Tunisie*, Tunis, Centre de Recherche du Génie rural, 1984, 69 p.
ESPINOUX (M.) – *La législation sur les terres incultes, outil d'aménagement au profit des espaces ruraux dévitalisés ? Exemple d'un site en terrasses, Castellet-les-Sausses (Alpes de Haute-Provence)*, Avignon, APARE, 1983, 93 p.
FABRE (G.) – L'olivier et les moulins à huile à Saint-Mitre à la fin du XVIIIe siècle, *Provence historique*, T. 38, fasc. 152, 2/1988, pp. 193-213.
FRAPA (P.) & GIORGIS (S.) – *Étude pour la réhabilitation des terrasses de culture en zone méditerranéenne française*, Avignon, APARE, 1982 ; 220 p.
FRAPA (P.) – Réhabiliter les terrasses de culture en zone méditerranéenne, *Nature et progrès*, n° 79, 3/1983, pp. 27-32.
FRAPA (P.) – Agriculteurs sur des terrasses de culture, *Nature et progrès*, n° 80, 4/1983, pp. 5-10.
FRAPA (P.) – Les terrasses de culture entre le passé et l'avenir, *Forêt méditerranéenne*, T. VI, n° 2, 1984, pp. 129-130.
FRAPA (P.) – Terrasses de Provence, *Lithiques*, n° 1, 1985, pp. 39-52.
FRAPA (P.) & GIORGIS (S.) – Terrasses de culture, in *Pierres en Provence*, Aix-en-Provence, A.C.E.P.-Edisud, 1987, pp. 138-152.
FRAPA (P.) – Un patrimoine à valoriser : les terrasses de culture, *Études méditerranéennes*, fasc. 12, 1988, pp. 349-354.
FRASER (S.E.) – *Les grandes affiches chinoises*, Paris, Albin-Michel, 1978, 112 p.
GALLET (D.) – *Études pour la remise en valeur de la côte Balméenne (Beaumes-de-Venise – Vaucluse) II : Étude foncière en vue de la reprise des activités agricoles sur terrasses*, Avignon, APARE, 1985, 27 p. + annexes.
GALULA (R.) – Le commerce des huiles d'olive sur la place de Marseille, in *L'huile d'olive en Méditerranée*, Aix-en-Provence, Institut de Recherches Méditerranéennes, 1983, pp. 124-131.
GARNER (L.) – Dry stones walls, *Shire album*, n° 114, 1987, 32 p.
GASCO (J.) – Principaux résultats du sondage archéologique dans le remplissage lacustre de la rive gauche du Verdus (barrage de l'Infernet), in Les édifices travertineux et l'histoire de l'environnement dans le Midi de la France, *Travaux U.A.-C.N.R.S. 903 et A.T.P.-P.I.R.E.N.*, n° XVII, 1988, pp. 96-98.
GENRE (C.) – Les alluvionnements historiques en Eubée (Grèce) – Caractères principaux, chronologie, signification, *Études méditerranéennes*, fasc. 12, 1988, pp. 229-258.
GIORGIS (S.) – Espaces en mutation, l'exemple des terrasses de culture des reliefs méditerranéens français, *Aménagement et nature*, n° 74, été 1984, pp. 17-18.
GIORGIS (S.) – *L'architecture et l'urbanisme sur les versants en terrasses de culture en zone méditerranéenne française*, Avignon, APARE, 1987, 187 p.

GIORGIS (S.) & PIERRON (P.) – *Les terrasses de culture : un paysage en ruine*, Intervention lors du Congrès de l'International Federation of Landscape Architects, 1987, 11 p.

GRECO (J.) – *La défense des sols contre l'érosion*, Paris, La Maison rustique, 1978, 183 p.

HOMBRES FIRMAS (L.A. d') – *Maison rustique du XIXe siècle – Encyclopédie d'agriculture pratique*, T. 1, 1820 (?), pp. 237 et 252-255.

JAURE (S.), MOREZ (R.) & POIRSON (P.) – *Traversiers solaires – Comptes rendus d'expérimentation*, Montpellier, Polyc., 1983, 15 p.

JOUTARD (P.), POUJOL (J.) CABANEL (P.) – *Cévennes terre de refuge, 1940-1944*, Presses du Languedoc – Club Cévenol, 359 p.

LA BLACHERE (H. de) – *Les ravageurs des vergers et des vignes*, Paris, Éd. J. Rotschild, 1876, 286 p.

LANDI (R.) – Sistemazioni collinari, *Italia agricola*, juillet-septembre 1980, pp. 122-142.

LASSURE (C.) – Éléments pour servir à la datation des constructions en pierres sèches, *Bulletin du C.E.R.A.V.*, n° 5, 1985.

LE DAIN (A.Y.) – *L'érosion dans le vignoble languedocien*, Montpellier, Institut des Aménagements régionaux et de l'Environnement, 1988, 69 p.

LEPAULMIER (P.) – *Les terrasses de culture, un patrimoine régional à valoriser*, Ajaccio, Parc Naturel Régional de Corse, 1988, 41 p. + annexes.

LEQUELLE (F.) – *Olivier de Serres, agronome et soldat de Dieu*, Paris, Berger-Levrault, 1983, 200 p.

LILIN (C.) – *Érosion des sols et ruissellement*, rapport d'un groupe de travail « Activités agricoles et qualité des eaux », Neuilly, Ministère de l'Environnement, 1981, 27 p.

LIVET (R.) – Habitat rural et structures agraires en Basse-Provence, *Annales de la Faculté des lettres d'Aix-en-Provence*, n° 32, 1962.

LIVET (R.) – *Atlas et géographie de Provence-Côte-d'Azur-Corse*, Paris, Flammarion, 1987.

LIZET (B.) & RAVIGNAN (F. de) – *Comprendre un paysage – Guide pratique de recherche*, Paris, I.N.R.A., 1987, 147 p.

LUGINBUHL (Y.) – *Paysages – Textes et représentations du siècle des Lumières à nos jours*. Lyon, La Manufacture, 1989, 270 p.

MASSOT (J.-L.) – *Maisons rurales et vie paysanne en Provence*, S.E.R.G., 1975, 401 p.

MAZOYER (S.) – *Remise en valeur des terrasses de culture abandonnées (Beaumes-de-Venise – Vaucluse)*, Avignon, APARE, 1987, 47 p. + annexes.

MEYNIER (A.) – *Les paysages agraires*, Paris, Armand-Colin, 1970, 200 p.

MOREZ (R.) – Construire des serres bioclimatiques en Cévennes, *Pépiniéristes, horticulteurs, maraîchers*, n° 239, août-septembre 1983, pp. 23-25.

MORLON (P.) & allii – *Une introduction à l'agriculture paysanne dans les Andes centrales (Pérou-Bolivie)*, Paris, à paraître aux Éditions de l'I.N.R.A.

MURISIER (F.) – La culture de la vigne en banquette, *Revue suisse de viticulture, arboriculture, horticulture*, vol. 13, n° 2, mars-avril 1981, pp. 77-88.

NEUSCHWANDER (J.) & PIERRON (P.) – *Essais de cultures nouvelles pour les terrasses en Centre-Ardèche – Compte rendu*, Paris, Mission du paysage, 1985, 68 p.

NICOD (J.) – Sur le rôle de l'homme dans la dégradation des sols et du tapis végétal en Basse-Provence calcaire, *Revue de géographie alpine*, T. XXXIX, fasc. 1, 1951, pp. 709-748.

NICOD (J. & M.) – La haute vallée de l'Huveaune, *Marseille*, n° 18, 3e série, juillet-septembre 1952, pp. 9-26.

PAGNOL (M.) – *Le temps des secrets*, Monte-Carlo, Éd. Pastorelly, 1960, 435 p.

PERNET (F.) & LENCLUD (G.) – *Bergers en Corse – Essai sur la question pastorale*, Presse Universitaire de Grenoble, 1977, 192 p.

PIERREIN (L.) – Huile d'olive et huile de graines au XIXe siècle en France (vu de la région marseillaise) in *L'huile d'olive en Méditerranée*, Aix-en-Provence, Institut de Recherches Méditerranéennes, 1983, pp. 160-165.

PRAVE (R.) – *Saint-Maximim la Sainte-Baume – Évolution d'une bourgade rurale*, Aix-en-Provence, Mémoire de D.E.S., 1952.

RAYBAUT (P.) & PERREARD (M.) – *L'architecture rurale française – Corpus des genres, des types et des variantes – Comté de Nice*, Paris, Berger-Levrault, 1982, 260 p.

REPARAZ (A. de), Diversité et évolution des structures agraires corses, *Méditerranée*, octobre-décembre 1961, pp. 39-61.

REPARAZ (A. de) – L'olivier en Haute-Provence au XIXe siècle, in *L'huile d'olive en Méditerranée*, Aix-en-Provence, Institut de Recherches méditerranéennes, 1983, pp. 186-191.

REY (P.) – Les conséquences écologiques de l'inculture méditerranéenne, in *Conséquences écologiques d'une régression de l'agriculture*, Montpellier, Centre d'Études Phyto-Écologiques Louis-Emberger, 1970, pp. 25-37.

REZVANI - *Feu*, Paris, Stock, 1977, 345 p.

ROLLAND (H.) – *Compte rendu de fouilles de l'oppidum celto-ligure de Saint-Blaise*.

RON (Z.) – Agricultural terraces in the Judean Mountains, *Israël exploration journal*, vol. 16, n° 1, 1966, pp. 33-49 et vol. 16, n°2, 1966, pp. 111-122.

ROUILLARD (D.) – Construire la pente – Los Angeles 1920-1960 – *In extenso*, École

d'architecture Paris-Villemin, n° 4, 1984, 166 p.
ROUPNEL (G.) – *Histoire de la campagne française*, Paris, Rééd. Plon, 1974, 374 p.
ROUVIERE (M.) – L'aménagement des terrasses agricoles dans la région de Vinezac (Ardèche), *Revue du C.E.R.A.R.*, t. 3, 1979.
ROUVIERE (M.) – Les aménagements agricoles sub-actuels en pierre sèche sur l'oppidum de Jastre-nord (Ardèche), *L'Architecture vernaculaire*, sup. n° 3, 1983, pp. 101-108.
SAGLIETTO – *Le Mas, oppidum ligure du Ve au Ier siècle avant J.-C.*, Institut historique de Provence, Congrès de Toulon, 1928.
SCHWARZE (M.) – *La préservation des paysages ruraux traditionnels*, Berne (Suisse), F.S.P.A.P., 1986, 96 p.
SCLAFFERT (T.) – Le déboisement des Alpes du Sud, *Annales de géographie*, n° 237, mai 1983.
SEIGNOBOS (C.) – *Nord-Cameroun, montagnes et hautes-terres*, Roquevaire, Éd. Parenthèses, 1982, 188 p.
SERENI (E.) – *Histoire du paysage rural italien*, Paris, Julliard, 1965, 328 p.
SERRES (O. de) – *Théâtre d'agriculture et mesnage des champs*, Paris, 1re édition : 1600, 1004 p.

STOUFF (L.) – L'olivier et l'huile d'olive en Provence aux derniers siècles du Moyen Age, *Provence historique*, T. 38 fasc. 152, 2/1988, pp. 181-191.
TOUBERT (P.) – Les statuts communaux au XIVe siècle, *Mélanges d'archéologie et d'histoire*, 1960.
TOUBLANC (M.) – *Une forme d'urbanisation singulière de la société rurale, l'exemple des terrasses dans le Sud de la France*, D.E.A. Sociologie, École des Hautes Études en Sciences Sociales, 1984, 72 p.
TOUBLANC (M.) – *L'État et les espaces abandonnés, l'exemple de la terrasse méditerranéenne*, Doctorat de 3e cycle, École des Hautes études en Sciences sociales, 1989, 400 p.
TRACOL (M.A.) – *Le sang du Rhône*, Tain-L'hermitage, chez l'auteur, 1986, 140 p.
VAUDOUR (J.) – L'érosion des sols à Auriol (Bouches-du-Rhône), *Méditerranée*, n° 1, 1962, pp. 73-80.
VAUDOUR (J.) – Économie d'ancien régime, économie moderne dans la vallée de l'Huveaune, *Annales du C.R.D.P. – Feuillets documentaires*, n° 7, 1965, 14 p.
VAUDOUR (J.) – La commune d'Auriol : étude géopédologique, *Annales de la Faculté des Lettres et des Sciences humaines d'Aix-en-Provence*, T. 42, 1964, pp. 239-259.
VERHAGEN (R.) – Un aspect de l'apiculture du passé, *Abeilles et fleurs*, n° 239, mai 1974, pp. 4-6.
Habiter sur terrain en pente – Guide pour la conduite des projets, S.O.R.G.A., S.C.I.C., Cachan, s.d., 52 p.
La production de plantes à parfum du pays grassois – De ses problèmes d'écoulement aux éléments de solution, Nice, F.D.S.E.A. des Alpes-Maritimes, 1980, 50 p. + annexes.
Les paysages ruraux de la montagne audoise – 2 tomes, Toulouse, I.N.R.A., 1982, 69 p. + annexes et 170 p. + annexes.
Le pays niçois – Construire et rénover en connaissant l'architecture traditionnelle, Nice, D.D.A.F. des Alpes-Maritimes, 1985, 48 p.
L'érosion des sols de vignoble, Chambre d'Agriculture de Saône-et-Loire, R.N.E.D., Macon, 1985, 24 p.
Eze-La Turbie – Restauration des sites incendiés en 1986, Nice, D.D.A.F. des Alpes-Maritimes, 1987, 40 p.
Reconstitution en Cévennes d'un massif forestier vivant, Sous-préfecture d'Alès (Gard), 1986, 39 p. + cartes.
Aménager les terrains en pente, Service technique de l'Urbanisme, 1988, 55 p.

Adresses utiles

Alpes de lumière, Prieuré de Salagon, Mane, 04300 FORCALQUIER.

ARCHI.M.E.D., place Fabre-d'Olivet, 34190 GANGES.

Association Pierre sèche en Vaucluse, La Cornette, Plan de Saumane, 84800 L'ISLE-SUR-SORGUE.

Association pour la Participation et l'Action Régionale – APARE. 41, cours Jean-Jaurès, 84000 Avignon.

Comité National Interprofessionnel de la Châtaigne et du Marron, 17, rue Jeanne-d'Arc, 30000 NIMES.

Conservatoire botanique de Porquerolles, Hameau agricole, Ile de Porquerolles, 83400 HYERES.

Écomusée du pays de la Roudoule, place des Tilleuls, Puget-Rostang, 06260 PUGET-THENIERS.

Fédération française du Paysage, 4, rue Hardy, 78000 VERSAILLES.

Fédération Nationale des Conseils d'Architecture, d'Urbanisme et de l'Environnement 20, rue du Commandant-R. Mouchotte, 75014 Paris.

Forêt méditerranéenne, B.P. 27, 13266 MARSEILLE Cedex 08.

Institut Technique du Porc, Maison nationale des éleveurs, 149, rue de Bercy, 75595, PARIS Cedex 02.

Ministère de l'Agriculture et de la Forêt, 78, rue de Varennes, 75007 PARIS.

Mission du Paysage, Ministère de l'Environnement 14, boulevard du Général-Leclerc, 92524 Neuilly-sur-Seine.

Nature et Progrès, 14, rue des Goncourt, 75011 PARIS.

Parc National des Cévennes, La Croisette, B.P. 4, 48400 FLORAC.

Parc National des Écrins, Château de Charance, 05000 GAP.

Parc National du Mercantour, 23, rue d'Italie, 06000 NICE.

Parc Naturel Régional de Corse, 2, rue Général-Fiorella, 20000 AJACCIO.

Parc Naturel Régional du Luberon, 1, place Jean-Jaurès, 84400 APT.

Parc Naturel Régional du Pilat, Moulin de Virieu, 2, rue Benay, 42410 PELUSSIN.

Crédits

Crédit photographique

Régis AMBROISE : pages 20, 23, 31 (6), 32 (1), 34 (3), 46 (1,3), 47, 50 (3), 51 (5,7), 115 (5), 117 (4), 118 (1, 2), 119, 121, 130, 145, 148, 153 (3), 162 (2), 163 (4), 166 (2), 168 (1, 2), 169 (4, 5, 6), 181.
Georges ANDRAUD : page 63 (5).
APARE : pages 25, 30, 38 (1).
ARCHI.M.E.D. : page 117 (4).
Catherine AUBEL : page 14 (3).
Jacques BACRY : page 171 (4, 5, 6).
Alain CECCAROLI : page 133 (4).
Yves DAUTIER : pages 52 (3), 175.
Pierre FRAPA : pages 29 (2), 33 (6), 38 (2), 43 (2), 48, 49 (2, 3, 4, 5, 8, 9, 10), 51 (6), 52 (2), 56, 81, 113 (6), 115 (4), 116 (1), 123 (2, 4, 5, 6, 8), 136, 147.
Écomusée du pays de la Roudoule : page 165 (2).
Nerte FUSTIER-DAUTIER : page 111 (1).
Sébastien GIORGIS : pages 33 (7), 49 (7).
Institut Technique du Porc : page 128.
Danielle LARCENA : page 52 (4).
Sylvie MAZOYER : pages 49 (6), 53 (6), 57 (3, 4), 100 (1), 153 (2), 164.
J.-L. MIGLIORETTI : page 170 (1, 2).
Pierre MORLON : page 14 (2).
Vincent MOTTE : pages 12, 16, 18, 21, 27, 29 (3, 4), 31 (2, 3), 40 (2), 42, 43 (3), 50 (1, 2), 51 (8), 55, 58 (1, 2), 59 (5), 88, 91, 96, 101, 102, 103, 104, 107, 112 (2), 113 (5), 115 (3), 120 (1, 2), 123 (3), 134, 140, 143, 152 (1), 154, 155, 163 (3), 165 (3), 166 (1), 167 (3), 172, 177 (4), 179, quatrième de couverture.
Raymond SAUVAIRE : pages 17 (2, 3), 22, 24, 33 (5), 37, 39 (3, 4), 45, 54, 57 (2), 76 (1, 2), 77 (3, 4, 5), 92, 93, 94, 95, 99, 100 (2), 105, 111 (2,3), 112 (1), 113 (7), 114, 115 (2, 6), 123 (7), 127, 129, 135 (3), 137, 138, 139, 141, 144, 146 (1, 2), 150, 157, 167 (4), 176, 177 (2, 3, 5), 180, première de couverture.
René VOLOT : pages 122, 125 (1 à 5).

Origine des plans, dessins, peintures, cartes postales

Collection Régis AMBROISE : pages 14 (4), 34 (4), 62 (1, 2, 3, 4), 70, 71, 74 (1, 2), 78 (2), 83 (3), 97, 110, 113 (3, 4), 132 (2), 146 (3), 162 (1).
ARCHI.M.E.D. : page 116 (2, 3).
Archives départementales des Alpes de Haute-Provence : page 80.
Archives départementales de l'Hérault : page 81.
Louis ARRETCHE et Atelier de Montrouge : page 168 (3).
Biblioteca nazionale centrale di Firenze : page 79.
Bibliothèque nationale Paris : pages 14 (5), 32 (4), 41 (3, 4), 60, 61, 63 (6), 73, 74 (3), 75, 78 (1), 151, 158, 160 (1, 2), 161.
Claude CORDOLEANI : pages 31 (4), 32 (2, 3), 34 (1, 2), 41, 46 (2), 51 (4).
Bernard CRISTOFINI, Daniel ROYBIN : page 87.
Collection madame Pierre DEFFONTAINES : pages 15, 19 (2), 28, 40 (1), 53 (5), 59 (4), 89, 98 (1), 108 (1), 109 (3, 4), 132 (1), 146 (4).
Collection EYNARD : pages 41 (5), 135 (2).
Collection Margalida FERRA BOUTROUX : page 108 (2).
Collection Pierre FRAPA : pages 83 (1, 2), 98 (2), 131.
Garuda Indonésia : page 82.
Gemäldegalerie Staatliche Museen Preußischer Kulturbesitz, Berlin (west) : pages 67, 68, photographe : Jörg P. Anders.
Sébastien GIORGIS : page 58 (3), 174.
Etienne LANDAIS : pages 84, 85.
Collection Sylvie MAZOYER : page 13.
Claude MILHAUD : page 97.
Musée des Arts et Traditions Populaires : pages 19 (3, 4), 31 (5), 133 (3), 149.
Michel ROUVIERE : page 185.
Scala : pages 180, 181, 183.
Société centrale d'apiculture page 52 (1).
Christian SEIGNOBOS : page 14 (1).

Maquette

Yves DAUTIER

Achevé d'imprimer en février 1993
sur les presses de Cronion SA, Barcelone

Dépot légal 1er trimestre 1993.

Imprimé en Espagne